MATEMÁTICA
PARA CONCURSOS

Universo dos Livros Editora Ltda.
Rua do Bosque, 1589 – Bloco 2 – Conj. 603/606
CEP 01136-001 – Barra Funda – São Paulo/SP – Brazil
Fone/Fax: (11) 3392-3336
www.universodoslivros.com.br
e-mail: editor@universodoslivros.com.br
Siga-nos Twitter: @univdoslivros

JOÃO MARCELO LIMA

MATEMÁTICA PARA CONCURSOS

São Paulo
2014

UNIVERSO DOS LIVROS

Diretor editorial
Luis Matos

Editora-chefe
Marcia Batista

Assistentes editoriais
Nathália Fernandes
Rafael Duarte
Raíça Augusto

Preparação
Mariane Genaro

Revisão
Thalita Picerni

Arte
Francine C. Silva
Valdinei Gomes

Capa
Renato Klisman

Dados Internacionais de Catalogação na Publicação (CIP)
Angélica Ilacqua CRB-8/7057

L696m Lima, João Marcelo
Matemática para concursos / João Marcelo Lima. – São Paulo: Universo dos Livros, 2014.
208 p.

ISBN: 978-85-7930-710-2

1. Matemática – Problemas, questões, exercícios
2. Raciocínio – Problemas, questões, exercícios
3. Serviço público - Brasil – Concursos I. Título

14-0527 CDD 510

SUMÁRIO

PARTE 1

Capítulo 1 - Fundamentos da Lógica 9

1.1: Proposição 9

1.2: Valores Lógicos das Proposições 9

1.3: Tipos de Proposições 12

1.4: Tabela-Verdade 14

1.5: Conectivos Lógicos e as Operações Lógicas 16

1.6: Valor Lógico de uma Proposição Composta 33

1.7: Tabela-Verdade de uma Proposição Composta 35

1.8: Tautologia 38

1.9: Contradição 39

1.10: Contingência 40

1.11: Proposições logicamente equivalentes 41

1.12: Negações 48

Capítulo 2 - Diagramas lógicos 51

2.1: Proposições Categóricas 51

2.2: Representações das Proposições Categóricas 54

2.2.1) Se a proposição "Todo A é B" é verdadeira, temos duas representações 55

2.2.2) Se a proposição "Nenhum A é B" é verdadeira, então temos apenas uma representação 56

2.2.3) Se a proposição "Algum A é B" for verdadeira, temos quatro representações 56

2.2.4) Se a proposição "Algum A não é B" é verdadeira, temos três representações. 59

Capítulo 3 - Argumento **63**
3.1: Argumento válido 64
3.2: Argumento inválido 66
3.3: Métodos para Testar a Validade dos Argumentos 68
3.3.1) Diagrama de Conjuntos 68
3.3.2) Tabelas Verdade do Argumento 68
3.3.3) Considerar as Premissas Verdadeiras e Verificar o Valor Lógico da Conclusão 70

Capítulo 4 - Sentenças abertase quantificadores **71**
4.1: Quantificador Universal 72
4.2: Quantificador Existencial 73
4.3: Negação de Proposições Quantificadas 73
4.3.1) Quantificador Universal 73
4.3.2) Quantificador Existencial 74

Capítulo 5 - Análise combinatória **75**
5.1: Fatorial 75
5.2: Princípio Fundamental da Contagem 76
5.3: Permutações ou Arranjos 78
5.4: Permutações (Arranjos) com Ítens Repetidos 81
5.5: Combinações 82
5.6: Resumo 83

PARTE 2

Álgebra **85**

Teoria Dos Conjuntos 85

Conjuntos Numéricos 88

Potenciação 90

Equações do 2º Grau 93

Aritmética Básica **95**

MDC – Máximo Divisor Comum 101

MMC – Mínimo Múltiplo Comum 102

Regra De Três Simples Direta 104

Regra De Três Simples Inversa 104

Regra De Três Composta 105

Porcentagem 106

Razões e Proporções 107

Sistema Métrico Decimal 109

Progressões 113

Juros 119

Análise Combinatória 120

Probabilidade 123

Geometria Plana **131**

Triângulos 131

Questões de concursos públicos comentadas 135

Questões de raciocínio lógico e matemática 135

PARTE 1

Capítulo 1 - Fundamentos da Lógica

1.1: Proposição

Chama-se "proposição" todo o conjunto de palavras ou símbolos que exprimem um pensamento de sentido completo, isto é afirmam fatos ou exprimem juízos que formamos anteriormente.

Exemplos: A matemática é uma ciência exata.
Recife é a capital de Pernambuco.

1.2: Valores Lógicos das Proposições

Chama-se **valor lógico** de uma proposição a VERDADE (V) se a proposição assume significados verdadeiros e a FALSIDADE (F) se a proposição assume significados falsos.

VALOR LÓGICO	SÍMBOLO DE DESIGNAÇÃO
Verdade	V
Falsidade	F

A lógica matemática adota como regras fundamentais do pensamento os seguintes princípios (ou axiomas):

I Princípio da não contradição

Uma proposição não pode ser verdadeira e falsa ao mesmo tempo.

II Princípio do terceiro excluído

Toda proposição ou é verdadeira ou é falsa, isto é, verifica-se sempre um destes casos e nunca um terceiro.

Podemos dizer, então, que toda proposição é uma sentença, para qual atribuiremos um e um só valor lógico: verdadeiro ou falso.

Exemplos: a) Recife é a capital de Pernambuco.
Valor lógico da proposição = Verdade (V)

b) O número 5 é par.
Valor lógico da proposição = Falsidade (F)

Outra definição: proposição é toda sentença, expressa em palavras ou símbolos, que exprime um juízo ao que se possa atribuir, dentro de certo contexto, somente um de dois valores lógicos possíveis:

VERDADEIRO ou **FALSO.**

Outros exemplos de proposições:

O número 3 é ímpar
Existe um número par menor do que 3
Todas as mulheres são imortais
Todos os elefantes sabem ler
O cachorro late e o gato mia
6 + 7 = 13
7 > 8
Paulo foi à praia ou Márcia foi ao cinema

Exemplos de sentenças que não são proposições:

– sentenças interrogativas:	Qual é o seu time?
– sentenças exclamativas:	Que belo sapato!
– sentenças imperativas:	Atravesse na faixa.
– sentenças que não tem verbo:	O carro de Paulo.
– sentenças abertas:	$x > 3$

Exercício: sabe-se que as sentenças são orações com sujeito (o termo a respeito do qual se declara algo) e predicado (o que se declara sobre o sujeito). Na relação seguinte há expressões e sentenças:

I	–	Três mais nove é igual a doze.
II	–	Pelé é brasileiro.
III	–	O jogador de futebol.
IV	–	A idade de Maria.
V	–	A metade de um número.
VI	–	O triplo de 15 é maior do que 10.

É correto afirmar que, na relação dada, são sentenças apenas os itens seguintes:

(A) I, II e VI
(B) II, III e IV
(C) III, IV e V
(D) I, II, V e VI
(E) II, III, IV e V

Solução: Podemos notar que dos seis itens apresentados, os itens III, IV e V não tem sentido completo, ou seja, não são afirmações autoexplicativas, não podendo, ser consideradas sentenças (proposições).

Logo, a resposta será a letra A, com os itens I, II e VI.

OBS.: esta questão constava do concurso para agente condutor de veículos do Tribunal de Contas do Estado do Paraná, realizada em novembro de 2006 e elaborada pela Fundação Carlos Chagas.

1.3: Tipos de Proposições

As proposições podem se classificar em simples e compostas. Vejamos:

Proposições simples ou atômicas

São aquelas que não contêm nenhuma outra proposição como parte integrante de si mesma. São geralmente designadas pelas letras minúsculas do alfabeto (p, q, r, s, ...).

Também podemos dizer que uma proposição é simples quando não conseguimos dividi-la em partes menores, de tal modo que alguma delas seja uma nova proposição.

Exemplos:

p - Marcelo é professor de matemática.

q - Vanessa é vascaína.

r - Daniela é loira.

Proposições compostas ou moleculares

São aquelas formadas pela combinação de duas ou mais proposições. São habitualmente designadas pelas letras maiúsculas do alfabeto (P, Q, R, S,...).

Também podemos dizer que uma proposição é composta quando conseguimos extrair dela uma nova proposição.

Exemplo:

A - Marcelo é professor de matemática E Daniela é loira.

A sentença acima é composta, pois conseguimos extrair dela 2 outras proposições, que são: "Marcelo é professor de matemática" (b) e "Daniela é loira" (c)

Outros exemplos:

P – Eduardo tem uma caneta E Pedro tem um lápis.

Q – João Marcelo tem uma caneta OU Daniela tem um caderno.

R – SE Flávio é estudioso ENTÃO será aprovado.

OBS.: as proposições compostas são também denominadas fórmulas proposicionais ou apenas fórmulas. Quando interessa destacar que uma proposição P é formada pela combinação de proposições simples escreve-se P(p, q, r, ...). No nosso exemplo teríamos A (b,c)

OBS.: repare nos exemplos acima que aparecem as palavras E, OU e SE...ENTÃO. Estes são os conectivos lógicos, que são usados para juntar duas ou mais proposições simples e formar as proposições compostas. Veremos mais detalhes adiante.

1.4: Tabela-Verdade

É um dispositivo prático muito usado para a determinação do valor lógico de uma proposição composta. Nesse dispositivo figuram todos os possíveis valores lógicos da proposição composta, correspondentes a todas as possíveis atribuições de valores lógicos às proposições simples.

Para construirmos uma tabela-verdade, partindo de um certo número de proposições, deveremos considerar os seguintes aspectos:

a) O número de proposições;

b) O número de linhas da tabela-verdade;

c) A variação dos valores lógicos.

Proposições simples: segundo o princípio do terceiro excluído, toda proposição simples **p**, é verdade ou falsidade, isto é, tem valor lógico V ou F. Então, teremos somente duas linhas, cujos valores lógicos V e F serão colocados em uma única coluna, conforme a figura abaixo:

p
V
F

Proposições compostas: o valor lógico de uma proposição composta depende unicamente dos valores lógicos das proposições simples.

Consideremos uma proposição composta de duas proposições simples.

p	**q**
V	V
V	F
F	V
F	F

Observe que os valores lógicos V e F se alternam de dois em dois para a primeira proposição **p** e de um em um para a proposição **q**, e que, além disso, VV, VF, FV e FF são os arranjos binários com repetição dos dois elementos V e F.

Consideremos agora uma proposição composta de três proposições simples.

p	q	r
V	V	V
V	V	F
V	F	V
V	F	F
F	V	V
F	V	F
F	F	V
F	F	F

Analogamente, podemos observar que os valores lógicos V e F se alternam de quatro em quatro para a primeira proposição **p**, de dois em dois para a segunda proposição **q**, e de um em um para a terceira proposição **r**, e que, além disso, VVV, VVF, VFV, VFF, FVV, FVF, FFV e FFF são os arranjos ternários com repetição dos dois elementos

V e F.

Conclusões:

a) O número de colunas é sempre igual ao número de proposições.
b) O número de linhas será sempre dado por 2^n, em que **n** é o número de proposições utilizadas.

c) A distribuição dos valores lógicos nas colunas obedecerá sempre a ordenação das potências de base 2, crescentes da direita para a esquerda

Notação:

O valor lógico de uma proposição simples **p** indica-se por V(p). Assim, exprime-se que **p** é verdadeira escrevendo-se V(p) = V. Analogamente, exprime-se que **p** é falsa escrevendo-se V(p) = F.

Exemplos:

p:	O Sol é verde	V(p) = F
q:	Um pentágono tem cinco diagonais	V(q) = V
r:	2 é raiz da equação $x^2 + 3x - 4 = 0$	V(r) = F

OBS.: observe que, mais uma vez, estamos julgando a verdade ou a falsidade das proposições dadas por meio de nossos conhecimentos.

1.5: Conectivos Lógicos e as Operações Lógicas

Os conectivos lógicos são palavras usadas para formar novas proposições a partir de outras. Por isso, estão presentes nas proposições compostas. Eles agem sobre as proposições de modo a criar novas proposições.

Exemplo: Marcelo é professor de matemática E Daniela é loira.

Já vimos anteriormente que a sentença acima é composta, pois podemos extrair dela duas outras proposições.

Podemos observar que as sentenças "Marcelo é professor de matemática" e "Daniela é loira" estão ligadas pelo termo "E", que chamamos de conectivo lógico.

Conectivo "~" – Negação

O conectivo "~" forma um tipo de estrutura chamada de negação. O símbolo que representa este conectivo é o ~.

Assim, a frase "não está chovendo", pode ser representada por ~ chove.

Assim, se dissermos que **p** = chove, teremos ~p.

Vejamos a tabela-verdade

p	~p
V	F
F	V

Logo, podemos constatar que, no que diz respeito ao funcionamento deste conectivo, uma negação possui valor lógico verdadeiro quando **p** é falso, e será falso quando **p** for verdadeiro.

Conectivo "e" – Conjunção

O conectivo "e" forma um tipo de estrutura chamado de conjunção. O símbolo que representa este conectivo é o ^.

As conjunções **p** E **q** podem ser representadas simbolicamente por p ^ q.

Assim, a frase: Pedro é médico E Paulo é dentista, pode ser representada por: Pedro é médico ^ Paulo é dentista.

Então, se dissermos que:

p = Pedro é médico;

q = Paulo é dentista,

Teremos p ^ q.

Vejamos a tabela-verdade:

p	q	p ^ q
V	V	
V	F	
F	V	
F	F	

Veja que na primeira linha da nossa tabela-verdade aparecem as proposições envolvidas, tanto as proposições simples, que tem os seus valores lógicos conhecidos (V e F), quanto a proposição composta, que estamos estudando.

Nas demais linhas, fazemos uma combinação dos valores lógicos (V e F) das proposições simples **p** e **q**, ou seja:

Linha 2 → Quando **p** for verdadeira E **q** for verdadeira

Linha 3 → Quando **p** for verdadeira E **q** for falsa

Linha 4 → Quando **p** for falsa E **q** for verdadeira

Linha 5 → Quando **p** for falsa E **q** for falsa

Analisando o valor lógico da proposição composta **p ^ q** nos quatro casos identificados acima, temos o seguinte:

p	q	p ^ q
V	V	V
V	F	F
F	V	F
F	F	F

Então, podemos concluir que a conjunção **p ^ q** somente será verdadeira quando a proposição **p** for verdadeira e a proposição **q** também for verdadeira.

Conectivo "ou" – Disjunção

O conectivo "ou" forma um tipo de estrutura chamado de disjunção. O símbolo que representa este conectivo é o **v**.

Assim, a frase: Pedro é médico OU Paulo é dentista, pode ser representada por: Pedro é médico v Paulo é dentista.

Portanto, se dissermos que:

p = Pedro é médico;

q = Paulo é dentista,

Teremos **p v q**.

Vejamos a tabela-verdade

p	q	p v q
V	V	
V	F	
F	V	
F	F	

Na primeira linha da nossa tabela-verdade aparecem as proposições envolvidas, tanto as proposições simples, que tem os seus valores lógicos conhecidos (V e F), quanto a proposição composta (**p** v **q**), que estamos estudando.

Nas demais linhas, fazemos uma combinação dos valores lógicos (V e F) das proposições simples **p** e **q**, ou seja:

Linha 2 → Quando **p** for verdadeira E **q** for verdadeira

Linha 3 → Quando **p** for verdadeira E **q** for falsa

Linha 4 → Quando **p** for falsa E **q** for verdadeira

Linha 5 → Quando **p** for falsa E **q** for falsa

Analisando o valor lógico da proposição composta **p** v **q** nos quatro casos identificados acima, temos o seguinte:

p	q	p v q
V	V	V
V	F	V
F	V	V
F	F	F

Então podemos concluir que:

A conjunção **p** v **q** somente será falsa quando a proposição **p** for falsa e a proposição **q** também for falsa.

Para que a conjunção **p** v **q** seja verdadeira, basta que uma das proposições simples (**p**, **q**) seja verdadeira.

OBS.: um caso específico da disjunção é a disjunção exclusiva, quando o conectivo OU aparece à frente de cada das proposições simples envolvidas. Vamos usar o exemplo acima para analisar, ou seja:

p = Pedro é médico

q = Paulo é dentista

Na disjunção exclusiva temos: OU Pedro é médico OU Paulo é dentista.

Neste caso, para que a proposição composta seja verdadeira, é necessário que uma, e somente uma, das proposições simples seja verdadeira. Uma vez que, se for verdade que Pedro é médico, então deve ser falso o fato de que Paulo é dentista. E vice-versa. A disjunção exclusiva apresenta duas situações mutuamente excludentes.

O símbolo que designa uma disjunção exclusiva é o **v**.

Vejamos como fica a tabela-verdade:

p	q	p v q
V	V	F
V	F	V
F	V	V
F	F	F

Conectivo "SE...ENTÃO..." – Condicional

O conectivo SE..., ENTÃO... é um tipo de estrutura chamado de condicional. O símbolo que representa este conectivo é o →.

Assim a frase SE chove, ENTÃO faz frio, pode ser representada por Chove → faz frio.

Assim, se dissermos que:

p = chove;

q = faz frio,

Teremos **p → q**.

Vejamos a tabela-verdade

p	q	p → q
V	V	
V	F	
F	V	
F	F	

Da mesma forma na primeira linha da nossa tabela-verdade aparecem as proposições envolvidas, tanto as proposições simples, que tem os seus valores lógicos conhecidos (V e F), quanto a proposição composta (**p → q**), que estamos estudando.

Nas demais linhas, fazemos uma combinação dos valores lógicos (V e F) das proposições simples **p** e **q**, ou seja:

Linha 2 → Quando **p** for verdadeira E **q** for verdadeira
Linha 3 → Quando **p** for verdadeira E **q** for falsa
Linha 4 → Quando **p** for falsa E **q** for verdadeira
Linha 5 → Quando **p** for falsa E **q** for falsa

Analisando o valor lógico da proposição composta **p → q** nos quatro casos identificados acima, temos o seguinte:

p	q	p → q
V	V	V
V	F	F
F	V	V
F	F	V

Podemos, então, concluir que uma proposição condicional é falsa quando a primeira parte é verdadeira e a segunda é falsa. Nos demais casos é verdadeiro.

Formas equivalentes de se escrever a sentença

SE Chove, faz frio	Se p, q
Faz frio, se chove	q, se p
Quando chove, faz frio	Quando p, q
Chove somente se faz frio	p somente se q
Toda vez que chove, faz frio	Todo p é q
Chover implica fazer frio	p implica q
Chover é condição suficiente para fazer frio	p é condição suficiente para q
Fazer frio é condição necessária para chover	q é condição necessária para p

Conectivo "Se...e somente se..." – Bicondicional

O conectivo "se...e somente se..." é um tipo de estrutura chamado de bicondicional. O símbolo que representa este conectivo é o ↔

Assim a frase: Chove SE E SOMENTE SE faz frio, pode ser representada por Chove ↔ faz frio.

Assim, se dissermos que:

p = chove;

q = faz frio,

Teremos: p ↔ q.

Vejamos a tabela-verdade

p	**q**	**p ↔ q**
V	V	
V	F	
F	V	
F	F	

Da mesma forma, na primeira linha da nossa tabela-verdade aparecem as proposições envolvidas, tanto as proposições simples, que tem os seus valores lógicos conhecidos (V e F), quanto a proposição composta (**p** ↔ **q**) que estamos estudando.

Nas demais linhas, fazemos uma combinação dos valores lógicos (V e F) das proposições simples **p** e **q**, ou seja:

Linha 2 → Quando **p** for verdadeira E **q** for verdadeira

Linha 3 → Quando **p** for verdadeira E **q** for falsa

Linha 4 → Quando **p** for falsa E **q** for verdadeira

Linha 5 → Quando **p** for falsa E **q** for falsa

Analisando o valor lógico da proposição composta **p ↔ q** nos quatro casos identificados acima, temos o seguinte:

p	q	p ↔ q
V	V	V
V	F	F
F	V	F
F	F	V

Quanto ao funcionamento deste conectivo, devemos saber que a bicondicional funciona como um nó, amarrando as duas partes da estrutura. Se o que estiver antes do **SE E SOMENTE SE** for verdadeiro, o que estiver depois tem que ser verdadeiro. Se o que estiver antes do **SE E SOMENTE SE** for falso, o que estiver depois tem que ser falso. Assim, uma bicondicional só é verdadeira, quando as duas partes que a compõem tiverem o mesmo valor lógico: ou as duas são verdadeiras, ou as duas são falsas. Nos demais casos a sentença é falsa.

Formas equivalentes de se escrever a sentença

Chove	SE E SÓ SE	faz frio	=	p	SE E SÓ SE q	
Chove,	SO E SÓ SE	**Faz frio**	=	SE **Faz frio**,	ENTÃO	**chove**
p,	SO E SÓ SE	**q**	=	SE **q**,	ENTÃO	**p**

Chover é condição suficiente para fazer frio e fazer frio é condição suficiente para chover.

p é condição suficiente para **q** e **q** é condição suficiente para **p**.

Fazer frio é condição necessária para chover e chover é condição necessária para fazer frio.

q condição necessária para **p** e **p** é condição necessária para **q**.

Toda vez que chove, faz frio e toda vez que faz frio chove.

Todo **p** é **q** e todo **q** é **p.**

Exercícios resolvidos

01) Diga se a sentença "3 + 6 = 9 ↔ 2 elevado a 3 = 8" é verdadeira ou falsa.

Solução:

A primeira coisa que podemos notar é que estamos diante uma estrutura bicondicional. Assim, se:

p = 3 + 6 = 9;

q = 2 elevado a 3 = 8

Temos **p ↔ q**

Agora, vamos ver se **p** é V ou F. Como 3 + 6 é realmente igual a 9, podemos concluir que **p** tem valor lógico **V**.

Agora vamos ver se **q** é V ou F. Como $2^3 = 8$, concluímos que **q** tem valor lógico **V**.

Temos, então, uma bicondicional V ↔ V. Conforme vimos acima, podemos concluir que essa bicondicional possui valor **V**.

02) Diga se a sentença "$3 + 2 = 6 \rightarrow 4 + 4 = 9$" é verdadeira ou falsa.

Solução:

Percebemos que estamos diante de uma estrutura condicional. Assim, se:

p = "$3 + 2 = 6$"

q = "$4 + 4 = 9$"

Temos **p → q**.

De acordo com nossos conhecimentos matemáticos, sabemos que **p** é **F**, pois $3 + 2 = 5$

Ainda de acordo com os nossos conhecimentos matemáticos, sabemos que **q** também é **F**, pois $4 + 4 = 8$

Temos, então, uma condicional F → F. Conforme vimos anteriormente, podemos concluir que essa condicional possui valor lógico **V**.

03) Diga se a sentença "$\sqrt{2} > 1 \rightarrow 2^0 = 2$" é verdadeira ou falsa

Solução:

Percebemos que estamos diante de uma estrutura condicional. Assim, se:

p = "$\sqrt{2} > 1$"

q = "$2^0 = 2$"

Temos **p → q**.

De acordo com nossos conhecimentos matemáticos, sabemos que **p** é **V**, pois $\sqrt{2}$ é aproximadamente igual a 1,4.

Ainda de acordo com os nossos conhecimentos matemáticos, sabemos que **q** é **F**, pois $2^0 = 1$

Temos, então, uma condicional V → F. Conforme vimos acima, podemos concluir que essa condicional possui valor lógico **F**.

04) Diga se a sentença "$-2 > 0 \leftrightarrow \pi^2 < 0$" é verdadeira ou falsa

Solução:

Percebemos que estamos diante de uma estrutura bicondicional. Assim, se:

p = "$-2 > 0$"
q = "$\pi^2 < 0$"

Temos **p ↔ p**

De acordo com os nosso conhecimentos matemáticos, sabemos que o valor lógico de **p** é **F**, pois $-2 < 0$

Ainda de acordo com os nossos conhecimentos matemáticos, sabemos que o valor lógico de **q** é **F**, pois π é aproximadamente igual a 3,14, logo π^2 será maior que zero.

Temos, então, uma bicondicional F ↔ F. Conforme vimos acima, podemos concluir que essa bicondicional possui valor lógico **V**.

05) Diga se a sentença " ~ (1 + 1 = 2 ↔ 3 + 4 = 5) " é verdadeira ou falsa.

Solução:

O sinal **~** significa negação. Se eu tenho uma sentença que é verdadeira, e coloco o sinal **~** antes desta sentença, esta se torna falsa, e vice-versa.

Primeiramente, vamos analisar o que está dentro do parênteses.

Temos uma estrutura bicondicional dentro do parênteses, onde:
A 1ª parte (**p**) possui valor lógico **V**, pois 1 + 1 é igual a 2.
A 2ª parte (**q**) possui valor lógico **F**, pois 3 + 4 é igual a 7 e não 5.

Logo, temos uma bicondicional (**p ↔ q**) V ↔ F. Conforme vimos, podemos concluir que essa bicondicional possui valor lógico **F**.

Como temos o sinal ~ antes desta estrutura toda, concluímos que a sentença do enunciado possui valor lógico **V**.

(**p ↔ q**) é **F**. Então, **~**(**p ↔ q**) é **V**.

06) Diga se a sentença " ~ (2 + 2 ≠ 4 ^ 3 + 5 = 8) " é verdadeira ou falsa.

Solução:

Primeiro, vamos analisar o que está dentro do parênteses.

Temos uma estrutura de Conjunção dentro do parênteses, onde:
A 1ª parte (p) possui valor lógico **F**, pois 2 + 2 é igual a 4,
A 2ª parte (q) possui valor lógico **V**, pois 3 + 5 é igual a 8.

Temos, então, uma Conjunção (**p ^ q**) F ^ V. Conforme vimos, podemos concluir que essa conjunção possui valor lógico **F**.

Como temos o sinal ~ antes desta estrutura toda, concluímos que a sentença do enunciado possui valor lógico **V**.

(**p ^ q**) é **F**. Então **~(p ^ q)** é **V**.

07) Diga se a sentença "(23 ≠ 8 v 42 ≠ 43)" é verdadeira ou falsa

Solução:

Percebemos que estamos diante de uma estrutura de disjunção.

Assim, se:
p = 23 ≠ 8
q = 42 ≠ 43

Temos **p v q**

De acordo com os nossos conhecimentos matemáticos, sabemos que o valor lógico de **p** é **V**, pois 23 é diferente de 8.

Ainda de acordo com os nossos conhecimentos matemáticos, sabemos que o valor lógico de **q** é **V**, pois 42 é diferente de 43.

Logo, temos uma disjunção (**p** v **q**) V v V. Conforme vimos, podemos concluir que o valor lógico dessa disjunção é **V**.

Exercícios de revisão

01) A tabela-verdade é muito usada nas resoluções das questões de raciocínio lógico. Como fixação, preencha as tabelas-verdades a seguir:

p	q	p ^ q	p v q	p v q	p → q	p ↔ q	~p
V	V						
V	F						
F	V						
F	F						

02) Preencha a tabela a seguir:

Estrutura lógica	É verdade quando	É falso quando
A ^ B		
A v B		
A → B		
A ↔ B		
~A		

03) Usando o que aprendemos até agora, encontre a representação simbólica para as sentenças a seguir, sendo:

X: Búzios é uma cidade

Y: Cachorro é um vegetal

Z: Eu amo raciocínio lógico

a. Búzios é uma cidade e cachorro é um vegetal.
b. Eu amo raciocínio lógico ou cachorro é um vegetal.
c. Cachorro não é um vegetal e eu amo raciocínio lógico.
d. Se o cachorro é um vegetal então eu amo o raciocínio lógico.
e. Búzios não é uma cidade se e só se o cachorro não é um vegetal.

Respostas

01)

p	q	p ^ q	p v q	OU p OU q	p → q	p ↔ q	~p
V	V	V	V	F	V	V	F
V	F	F	V	V	F	F	F
F	V	F	V	V	V	F	V
F	F	F	F	F	V	V	V

02)

Estrutura lógica	É verdadeiro quando	É falso quando
A ^ B	A e B são **V**	Pelo menos um dos dois for **F**
A v B	Pelo menos um dos dois for **V**	A e B são **F**
A → B	Todos os casos, exceto quando A for **V** e B for **F**	A é **V** e B é **F**
A ↔ B	Quando A e B forem ambos **F** ou ambos **V**	A for **V** e B for **F**, ou vice-versa
~A	A é **F**	A é **V**

03)

a. X ^ Y
b. Z v Y
c. ~Y ^ Z
d. Y → Z
e. ~X ↔ ~Y

1.6: Valor Lógico de uma Proposição Composta

Para determinarmos o valor lógico de uma proposição composta devemos saber a ordem de precedência dos conectivos lógicos. É semelhante ao que fazemos numa expressão matemática, quando aparecem os sinais de soma, subtração, multiplicação e divisão e os parênteses.

Vejamos a ordem de precedência dos conectivos lógicos:

1. negação (~)
2. conjunção (^)
3. disjunção (v)
4. condicional (→)
5. bicondicional (↔)

OBS.: os parênteses seguem a mesma regra das expressões matemática, ou seja, devemos sempre resolver separadamente o que está dentro dele.

Exercícios resolvidos

08) Sabendo que o valor lógico de A é F e de B é V, determine o valor lógico das seguintes proposições compostas:

a. A ^ ~B → B
b. (A ^ B) v (A ↔ B)
c. A ↔ B → A

Solução:

a. Se B é V, então ~B será F. Então, teremos F ^ F → V.

Mas F ^ F é F. Então, teremos F → V.

Mas F → V é V. Logo, a resposta é **V.**

b. (A ^ B) v (A ↔ B)

Inicialmente, teremos: (F ^ V) v (F ↔ V)

Mas F ^ V é F e F ↔ V é F.

Então, teremos F v F.

Mas F v F é F. Logo, a resposta é **F**.

c. A ↔ B → A

Inicialmente, teremos: F ↔ V → F.

Pela ordem de precedência, temos de resolver primeiro a proposição V → F.

Mas V → F é F. Então, teremos: F ↔ F.

Mas F ↔ F é V. Logo, a resposta é **V**.

1.7: Tabela-Verdade de uma Proposição Composta

Já aprendemos a construir as tabelas-verdade para as proposições compostas de duas proposições simples, ligadas por um conectivo lógico.

Estes são os casos mais simples. Agora, vamos estudar os casos em que a proposição é composta de duas ou mais proposições simples, ligadas por dois ou mais conectivos.

Para isso, usaremos os conhecimentos adquiridos até aqui sobre a ordem de precedência dos conectivos lógicos.

É semelhante ao que fazemos em uma expressão matemática, quando aparecem os sinais de soma, subtração, multiplicação, divisão e os parênteses.

Vejamos a ordem de precedência dos conectivos lógicos:

1. negação (~)
2. conjunção(^)
3. disjunção(v)
4. condicional (→)
5. bicondicional (↔)

Exemplo: ~(A ^ ~B)

Inicialmente, construiremos a tabela-verdade com as combinações dos valores lógicos V e F para A e B, conforme vemos a seguir:

A	B
V	V
V	F
F	V
F	F

A 1ª proposição composta que temos que resolver é ~B, que está dentro do parênteses. Vejamos:

A	B	~B
V	V	F
V	F	V
F	V	F
F	F	V

Agora, vamos resolver o que está dentro do parênteses. Vejamos:

A	B	~B	(A ^ ~B)
V	V	F	F
V	F	V	V
F	V	F	F
F	F	V	F

E, por último, resolveremos a negação do parênteses. Vejamos

A	B	~B	(A ^ ~B)	~(A ^ ~B)
V	V	F	F	V
V	F	V	V	F
F	V	F	F	V
F	F	V	F	V

Exercícios resolvidos

09) Construa a tabela-verdade para a seguinte proposição: ~(A ^ B) v ~(B ↔ A)

Solução:

Vamos, inicialmente, resolver as proposições que estão dentro dos parênteses. Observe que podemos resolver os dois parênteses ao mesmo tempo.

A	B	A ^ B	B ↔ A
V	V	V	V
V	F	F	F
F	V	F	F
F	F	F	V

Agora, podemos resolver as negações dos dois parênteses.

A	B	A ^ B	B ↔ A	~(A ^ B)	~(B ↔ A)
V	V	V	V	F	F
V	F	F	F	V	V
F	V	F	F	V	V
F	F	F	V	V	F

E, por último, façamos a disjunção das duas últimas proposições encontradas acima.

A	B	A ^ B	B ↔ A	~(A ^ B)	~(B ↔ A)	~(A ^ B) v ~(B ↔ A)
V	V	V	V	F	F	F
V	F	F	F	V	V	V
F	V	F	F	V	V	V
F	F	F	V	V	F	V

Agora que já estamos ambientados com a construção da tabela-verdade para proposições compostas, vamos estudar alguns casos específicos. São eles a tautologia, a contradição e a contingência.

1.8: Tautologia

Uma proposição composta formada por duas ou mais proposições e ligadas por dois ou mais conectivos lógicos é chamada de tautologia, quando o seu valor lógico for sempre verdadeiro, ou seja a tabela-verdade encontrada é sempre verdadeira.

Exemplo: estudemos a proposição (A ^ B) → (A v B)

Vamos montar a sua tabela-verdade, conforme aprendemos anteriormente.

A	B	A ^ B	A v B
V	V	V	V
V	F	F	V
F	V	F	V
F	F	F	F

A	B	A ^ B	A v B	(A ^ B) → (A v B)
V	V	V	V	V
V	F	F	V	V
F	V	F	V	V
F	F	F	F	V

O resultado é sempre verdadeiro, pois o único caso em que uma condicional é falsa é quando temos A verdadeiro e B falso em A → B.

Logo, podemos concluir que a proposição (A ^ B) → (A v B) é uma **tautologia**, pois o seu valor lógico encontrado na tabela-verdade é **sempre verdadeiro.**

1.9: Contradição

Uma proposição composta formada por duas ou mais proposições e ligadas por dois ou mais conectivos lógicos é chamada contradição, quando o seu valor lógico for sempre falso, ou seja, a tabela-verdade encontrada é sempre falsa.

Exemplo: estudemos a proposição (A ↔ ~B) ^ (A ^ B).

Vamos montar a sua tabela-verdade, conforme aprendemos anteriormente.

A	B	~B	A ↔ ~B	A ^ B	(A ↔ ~B) ^ (A ^ B)
V	V	F	F	V	F
V	F	V	V	F	F
F	V	F	V	F	F
F	F	V	F	F	F

O resultado é sempre falso, pois o único caso em que uma conjunção é verdadeira, é quando temos A verdadeiro e B verdadeiro em A ^ B.

Logo, podemos concluir que a proposição (A ↔ ~B) ^ (A ^ B) é uma **contradição**, pois o seu valor lógico encontrado na tabela-verdade **é sempre falso.**

1.10: Contingência

Uma proposição composta formada por duas ou mais proposições e ligadas por dois ou mais conectivos lógicos é uma contingência, quando nem for uma tautologia e nem uma contradição, ou seja, quando o seu valor lógico não for nem sempre falso, nem verdadeiro.

Exemplo: estudemos a proposição A ↔ (A ^ B).

Vamos montar a sua tabela-verdade, conforme aprendemos anteriormente.

A	B	A ^ B	A ↔ (A ^ B)
V	V	V	V
V	F	F	F
F	V	F	V
F	F	F	V

Podemos observar que a proposição A ↔ (A ^ B) é uma **contingência**, pois o seu valor lógico encontrado na tabela-verdade não é **nem sempre falso e nem sempre verdadeiro.**

1.11: Proposições logicamente equivalentes

Dizemos que duas proposições são logicamente equivalentes quando são compostas pelas mesmas proposições simples e os resultados de suas tabelas-verdade são idênticos.

Podemos dizer que, quando duas proposições são equivalentes, estamos apenas mudando a maneira de dizê-las.

Podemos representar simbolicamente a equivalência lógica entre duas proposições por:

$A = B$ ou $A \leftrightarrow B$

Vejamos algumas equivalências:

a) Equivalências básicas

1) $A \wedge A = A$

Ex: Marcelo é professor e Marcelo é professor = Marcelo é professor

2) $A \vee A = A$

Ex: Marcelo é professor ou Marcelo é professor = Marcelo é professor

3) $A \wedge B = B \wedge A$

Ex: Marcelo é professor e Daniela foi ao cinema = Daniela foi ao cinema e Marcelo é professor

4) A v B = B v A

Ex: Marcelo é professor ou Daniela foi ao cinema = Daniela foi ao cinema ou Marcelo é professor

5) A ↔ B = B ↔ A

Ex: Marcelo é professor **se e só se** Daniela foi ao cinema = Daniela foi ao cinema se e só se Marcelo é professor

6) A ↔ B = (A → B) ^ (B → A)

Ex: Marcelo é professor **se e só se** Daniela foi a praia = Se Marcelo é professor, então Daniela foi à praia e se Daniela foi à praia, então Marcelo é professor

Vamos verificar essa equivalência montando a sua tabela-verdade, primeiramente do lado esquerdo da igualdade

A	B	A ↔ B
V	V	V
V	F	F
F	V	F
F	F	V

Agora, vamos ao lado direito da igualdade.

A	B	A → B	B → A	(A → B) ^ (B → A)
V	V	V	V	V
V	F	F	V	F
F	V	V	F	F
F	F	V	V	V

b) Equivalência da conjunção

Tanto faz dizer "Marcelo é professor E Daniela é vascaína" como dizer "Daniela é vascaína E Marcelo é professor". Ou seja, estamos diante da regra da MERA INVERSÃO. Basta trocar de lado as partes da premissa do E, e chegamos a outra frase equivalente.

Dito de outra forma: $p \wedge q = q \wedge p$

c) Equivalência da disjunção

Tanto faz dizer "Marcelo é professor OU Daniela é bonita" como dizer "Daniela é bonita OU Marcelo é professor". Ou seja, mais uma vez estamos diante da regra da MERA INVERSÃO. Basta trocar de lado as partes da premissa do OU, e chegamos a outra frase equivalente.

Dito de outra forma: $p \vee q = q \vee p$

d) Equivalência da bicondicional

Tanto faz dizer "Marcelo é professor SE E SOMENTE SE Daniela é bonita" como dizer "Daniela é bonita SE E SOMENTE SE Marcelo é professor". Ou seja, mais uma vez estamos diante da regra da MERA INVERSÃO. Basta trocar de lado as partes da bicondicional, e chegamos a outra frase equivalente.

Dito de outra forma: $p \leftrightarrow q = q \leftrightarrow p$

e) Equivalências da condicional

Vale ressaltar que as equivalências da condicional são muito importantes, pois são muito cobradas nos concursos públicos. Definimos que duas proposições são equivalentes quando as suas tabelas-verdade são idênticas. Vamos, então demonstrar as equivalências da condicional construindo as suas tabelas-verdade.

Vejamos:

1) A primeira regra transforma uma condicional em outra condicional.

É chamada de REGRA DO INVERTE E TROCA.

Em resumo, na regra do inverte e troca, invertem-se as posições e trocam-se os sinais.

$p \rightarrow q \ = \ \sim q \rightarrow \sim p$

Exemplo: SE chove, ENTÃO me molho $p \rightarrow q$

Aplicando a regra, teremos:

SE não me molho, ENTÃO não chove $\sim q \rightarrow \sim p$

Agora, vejamos as tabelas-verdade das duas proposições.

Primeiramente, do lado esquerdo da igualdade.

p	q	p→q
V	V	V
V	F	F
F	V	V
F	F	V

Agora, do lado direito da igualdade.

p	q	~p	~q	~q → ~p
V	V	F	F	V
V	F	F	V	F
F	V	V	F	V
F	F	V	V	V

Podemos notar que as tabelas-verdade são iguais.

Exemplos:

a) "SE Marcelo é professor, ENTÃO Daniela é bonita" invertendo as posições, "Daniela é bonita" vem para o começo e "Marcelo é professor" vai para o final.

   E trocando-se os sinais teremos, enfim, que: "SE Daniela NÃO é bonita, ENTÃO Marcelo NÃO é professor".

b) "SE João não é rico, ENTÃO Cláudio não é dentista" aplicando a regra do inverte e troca, teremos "SE Cláudio é dentista, ENTÃO João é rico".

c) "SE Marcelo é professor, ENTÃO raciocínio lógico é fácil" aplicando a regra do inverte e troca, teremos "SE raciocínio lógico NÃO é fácil, ENTÃO Marcelo NÃO é professor".

d) (ESAF) "SE Pedro é economista, ENTÃO Luísa é solteira" "SE Luísa NÃO é solteira, ENTÃO Pedro NÃO é economista".

e) (Fiscal ICSM de SP) Qual a proposição que é logicamente equivalente à $p \rightarrow q$?

Resposta: $\sim q \rightarrow \sim p$

2) Uma condicional pode se transformar em uma "premissa de OU". A regra para fazer essa transformação, é manter as posições e trocar o sinal apenas da 1º parte.

$p \rightarrow q = \sim p \vee q$

Exemplo: SE Marcelo é professor, ENTÃO Daniela é bonita: $p \rightarrow q$

Aplicando a regra, teremos:

Marcelo não é professor, OU Daniela é bonita: $\sim p \vee q$

Agora, vejamos as tabelas-verdade das duas proposições.

Primeiramente, do lado esquerdo da igualdade.

p	q	$p \rightarrow q$
V	V	V
V	F	F
F	V	V
F	F	V

Agora, do lado direito da igualdade.

p	q	~p	~p v q
V	V	F	V
V	F	F	F
F	V	V	V
F	F	V	V

Podemos notar que as tabelas-verdade são iguais.

Exemplo: SE o Sol estiver brilhando, ENTÃO eu vou à praia
$p \rightarrow q$

Aplicando as duas regras, teremos:

1) SE eu não vou a praia, ENTÃO o Sol não está brilhando
$\sim q \rightarrow \sim p$

2) O Sol não está brilhando OU eu vou a praia $\sim p \vee q$

OBS.: a regra que transforma uma CONDICIONAL numa PREMISSA DO OU é exatamente a mesma que transforma uma PREMISSA DO OU em uma CONDICIONAL, ou seja, podemos transformar uma PREMISSA DO OU em uma CONDICIONAL mantendo as posições e trocando o sinal apenas da primeira parte.

Exemplo: (ESAF) Pedro não é pedreiro OU Paulo é paulista. Transformando essa premissa do OU numa condicional, teremos:

SE Pedro é pedreiro, ENTÃO Paulo é paulista

Outras equivalências

1) **Leis associativas**

$(p \wedge q) \wedge s = p \wedge (q \wedge s)$

$(p \vee q) \vee s = p \vee (q \vee s)$

2) **Leis distributivas**

$p \wedge (q \vee s) = (p \wedge q) \vee (p \wedge s)$
$p \vee (q \wedge s) = (p \vee q) \wedge (p \vee s)$

3) **Lei da dupla negação**

$\sim(\sim p) = p$

Equivalência entre "NENHUM" e "TODO"

Todo A não é B = Nenhum A é B

Nenhum A não é B = Todo A é B

1.12: Negações

a) Negação da promessa do OU

Para negar uma promessa do OU, negamos as duas partes, e trocamos o conectivo OU pelo E.

Exemplo: Pedro é médico OU Maria é bonita p ∨ q

Negando a sentença acima, teremos:

Pedro não é médico E Maria não é bonita ~p ^ ~q

Então, concluímos que ~(p v q) = ~p ^ ~q

b) Negação da promessa do E

Usamos a mesma regra da negação de uma promessa do OU, isto é, negamos as duas partes e trocamos o conectivo.

Para negar uma promessa do E, negamos as duas partes, e trocamos o conectivo E pelo OU.

Exemplo: Pedro é médico E Maria é bonita p ^ q
Negando a sentença acima, teremos:

Pedro não é médico OU Maria não é bonita ~p v ~q

Então, concluímos que ~(p ^ q) = ~p v ~q

c) Negação da condicional

Para negarmos uma condicional, mantemos a primeira parte e negamos a segunda. A negativa de uma condicional é uma premissa do E. Mantém-se a primeira parte e nega-se a segunda.

Exemplo: Dada a frase:

SE estiver chovendo, ENTÃO eu levo o guarda-chuva p → q

Negando esta condicional, teremos:

Está chovendo E eu não levo o guarda-chuva p ^ ~q

Então, concluímos que ~(p → q) = p ^ ~q

Vamos entender porque a negação de uma condicional é uma promessa do E:

Em primeiro lugar, vamos lembrar que vimos que a condicional possui duas regras de equivalência. A segunda delas diz que p → q = ~p v q.

Agora, se negarmos essa disjunção, teremos p ^ ~q

Exemplo: (FCC) Sejam p e q duas proposições. Encontre a proposição equivalente à proposição p ^ (~q)

Podemos observar que a estrutura em questão mantém a 1ª parte e nega a 2ª. Então, ela está apenas negando uma condicional.

Sabemos que ~(p → q) = p ^ (~q).

Daí, podemos concluir que a resposta é ~(p → q).

Capítulo 2 - Diagramas lógicos

Consideramos que uma questão é de diagramas lógicos, quando ela traz diagramas ou quando temos que usar diagramas para chegar a solução da questão. Os diagramas geralmente são círculos, mas outras figuras também podem ser usadas, tais como quadrados, triângulos etc.

2.1: Proposições Categóricas

As proposições formadas com os termos TODO, ALGUM e NENHUM são chamadas de proposições categóricas, e são elas:

- Todo A é B
- Nenhum A é B
- Algum A é B
- Algum A não é B

Agora, vamos analisar caso a caso. Observe:

Todo A é B

Essas proposições afirmam que o conjunto A está contido no conjunto B, ou seja, todo elemento do conjunto A também é elemento do conjunto B.

Vale observar que o contrário não é necessariamente verdadeiro, ou seja, sabendo-se que "Todo A é B" não é suficiente para afirmar que "Todo B é A".

Ex: Todo vascaíno é campeão ≠ Todo campeão é vascaíno

A proposição "Todo A é B" tem como proposição equivalente "Nenhum A não é B"

Ex: "Toda a arte é bela" é equivalente à "Nenhuma arte não é bela"

A negação da proposição "Todo A é B" é "Algum A não é B" e vice-versa.

Como exemplo, podemos dizer que a negação da proposição "Todo aluno é calmo" é "Algum aluno não é calmo"

Nenhum A é B

Essa proposição afirma que os conjuntos A e B são distintos, ou seja, A e B não têm nenhum elemento em comum.

Podemos observar que a proposição "Nenhum A é B" é semelhante à proposição "Nenhum B é A"

Ex: Nenhum professor é analfabeto = Nenhum analfabeto é professor

A proposição "Nenhum A é B" tem como proposição equivalente "Todo A não é B".

Ex: "Nenhum médico é louco" é equivalente à "Todo médico não é louco"

Algum A é B

Por convenção universal da lógica, as proposições da forma "Algum A é B" estabelecem que o conjunto A tem pelo menos um elemento em comum com o conjunto B.

Devemos tomar cuidado, pois quando dizemos que "Algum A é B", estamos pressupondo que nem todo A é B. Mas, no sentido lógico da palavra ALGUM, está perfeitamente correto afirmar que "Algumas pessoas são ricas", mesmo sabendo que "Todas as pessoas são ricas".

Dizer que "Algum A é B" é logicamente equivalente a dizer que "Algum B é A".

Ex: Algum professor é músico = Algum músico é professor

Proposições logicamente equivalentes

Pelo menos um A é B
Existe um A que é B

Exemplo: Dada a proposição "Algum professor é músico".

Temos as equivalências:

Pelo menos um professor é músico.
Existe um professor que é músico.
A negação da proposição "Algum A é B" é "Nenhum A é B" e vice-versa.
Como exemplo podemos dizer que a negação da proposição "Algum aluno é calmo" é "Nenhum aluno é calmo".

Algum A não é B

Essas proposições estabelecem que o conjunto A tem pelo menos um elemento que não pertence ao conjunto B.

Proposições logicamente equivalentes

Algum A é não B

Algum não B é A

Exemplo: Dada a proposição "Algum fiscal não é honesto".

Temos as seguintes equivalências:

- Algum fiscal é Não honesto
- Algum Não honesto é fiscal

OBS: dizer que "Algum A não é B" não implica dizer que "Algum B não é A".

Exemplo: Algum animal Não é mamífero ≠ Algum mamífero Não é animal.

2.2: Representações das Proposições Categóricas

As proposições categóricas serão representadas por diagramas de conjuntos para a solução de diversas questões de concursos.

Cada proposição categórica tem um significado em termos de conjunto, e isso é quem definirá o desenho do diagrama.

2.2.1) Se a proposição "Todo A é B" é verdadeira, temos duas representações

a) O conjunto A está dentro do conjunto B. Isto é, A está contido em B.

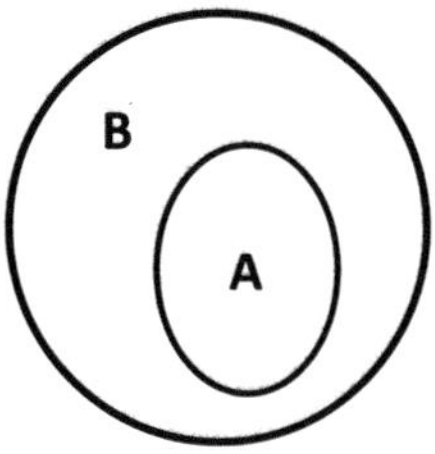

Os valores lógicos das outras proposições categóricas são:

- Nenhum A é B	=	Falso
- Algum A é B	=	Verdadeiro
- Algum A não é B	=	Falso

b) O conjunto A é igual ao conjunto B.

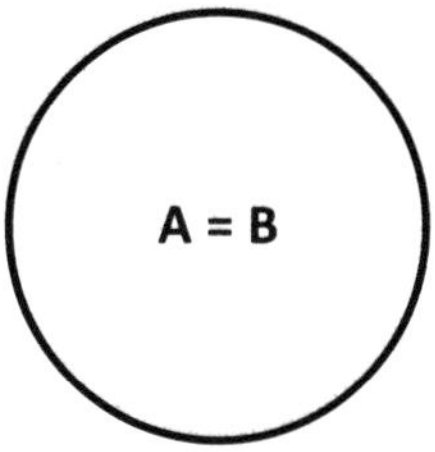

Os valores lógicos das outras proposições categóricas são:

- Nenhum A é B	=	Falso
- Algum A é B	=	Verdadeiro
- Algum A não é B	=	Falso

Logo, podemos concluir que os valores lógicos das outras proposições categóricas são:

- Nenhum A é B = Necessariamente falso
- Algum A é B = Necessariamente verdadeiro
- Algum A não é B = Necessariamente falso

2.2.2) Se a proposição "Nenhum A é B" é verdadeira, então temos apenas uma representação:

a) Não há elementos em comum entre os conjuntos A e B. Ou seja, não há interseção.

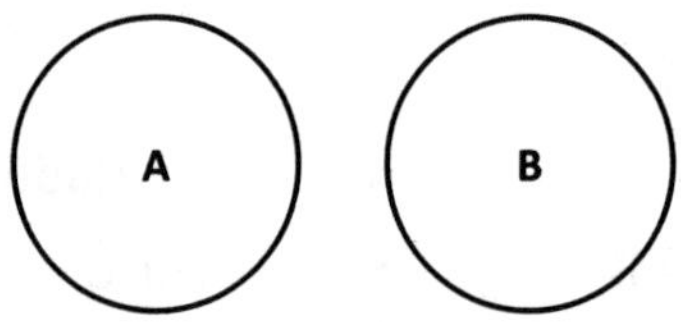

Os valores lógicos das outras proposições categóricas são:

- Todo A é B = Necessariamente falso
- Algum A é B = Necessariamente falso
- Algum A não é B = Necessariamente verdadeiro

2.2.3) Se a proposição "Algum A é B" for verdadeira, temos quatro representações

a) Há elementos em comum entre os conjuntos

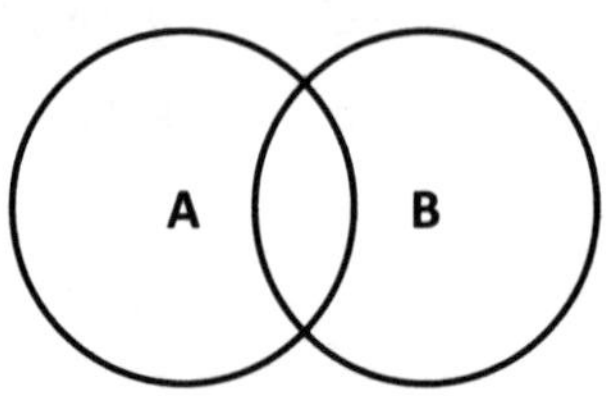

Os valores lógicos das outras proposições categóricas são:

- Nenhum A é B	=	Falso
- Todo A é B	=	Falso
- Algum A não é B	=	Verdadeiro

b) O conjunto A está dentro do conjunto B. Ou seja, A está contido em B.

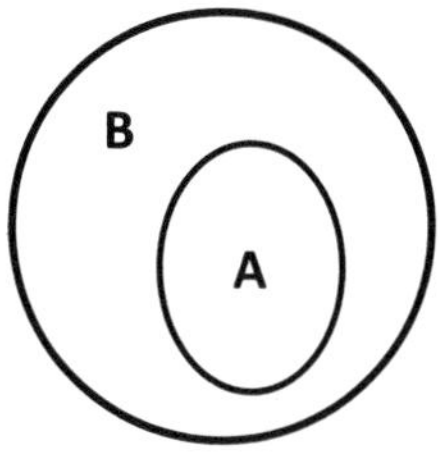

Os valores lógicos das outras proposições categóricas são:

- Nenhum A é B	=	Falso
- Todo A é B	=	Verdadeiro
- Algum A não é B	=	Falso

c) O conjunto B está dentro do conjunto A. Isso significa que B está contido em A.

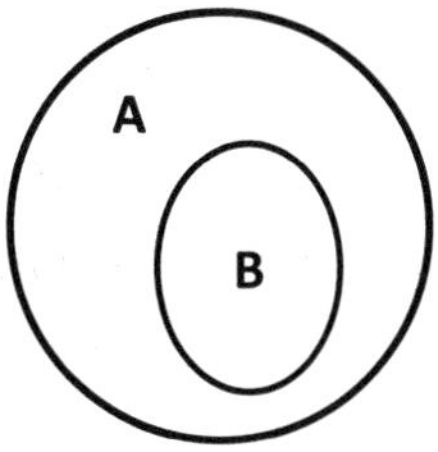

Os valores lógicos das outras proposições categóricas são:

- Nenhum A é B	=	Falso
- Todo A é B	=	Falso
- Algum A não é B	=	Verdadeiro

d) O conjunto A é igual ao conjunto B.

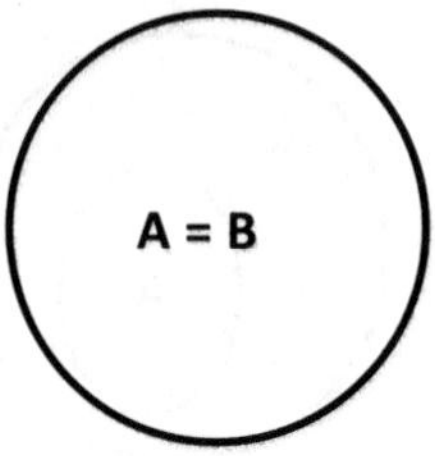

Os valores lógicos das outras proposições categóricas são:

- Nenhum A é B	=	Falso
- Todo A é B	=	Verdadeiro
- Algum A não é B	=	Falso

Logo, podemos concluir que os valores lógicos das outras proposições categóricas são:

- Nenhum A é B	=	Necessariamente falso.
- Todo A é B	=	**Indeterminado**, podendo ser **verdadeiro** (b, d) ou **falso** (a, c).
- Algum A não é B	=	**Indeterminado**, podendo ser **verdadeiro** (a, c) ou **falso** (b, d).

2.2.4) Se a proposição "Algum A não é B" é verdadeira, temos três representações.

a) Há elementos em comum entre os conjuntos.

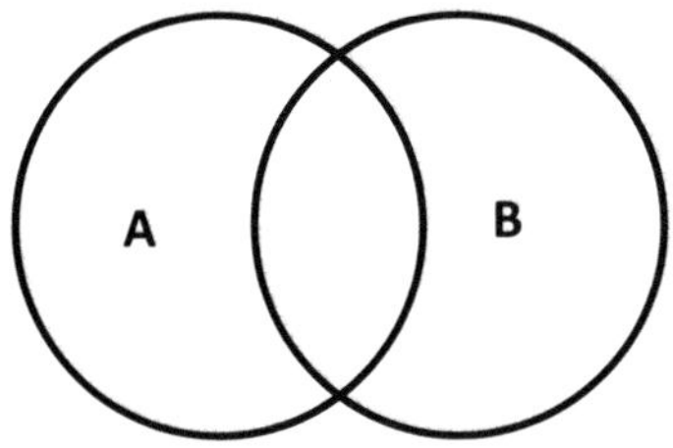

Os valores lógicos das outras proposições categóricas são:

- Todo A é B = Falso
- Nenhum A é B = Falso
- Algum A é B = Verdadeiro

b) O conjunto B está dentro do conjunto A. Ou seja, B está contido em A.

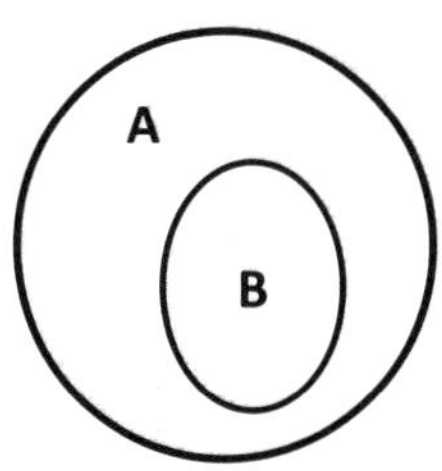

Os valores lógicos das outras proposições categóricas são:

- Todo A é B = Falso
- Nenhum A é B = Falso
- Algum A é B = Verdadeiro

c) Não há elementos em comum entre os conjuntos A e B. Ou seja, não há interseção.

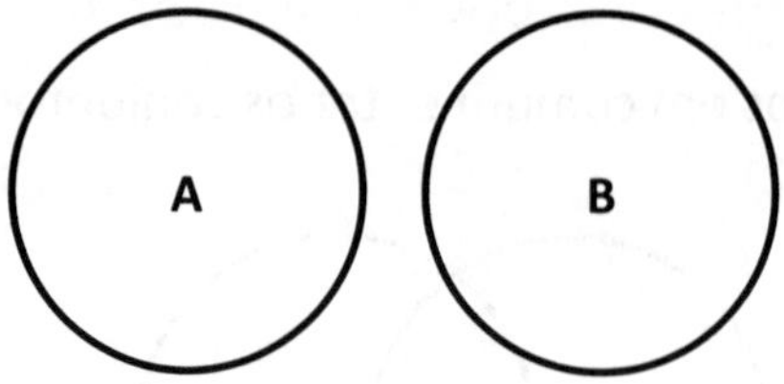

Os valores lógicos das outras proposições categóricas são:

– Todo A é B	=	Falso
– Nenhum A é B	=	Verdadeiro
– Algum A é B	=	Falso

Logo, podemos concluir que os valores lógicos das outras proposições categóricas são:

– Todo A é B	=	Necessariamente falso.
– Nenhum A é B	=	**Indeterminado**, pois pode ser **verdadeiro** (c) ou **falso** (a, b).
– Algum A é B	=	**Indeterminado**, pois pode ser **verdadeiro** (a, b) ou **falso** (c).

Exercícios resolvidos

10) (FCC) Considerando a proposição "Todo livro é instrutivo" como sendo verdadeira, é correto afirmar que:

a) "Nenhum livro é instrutivo" é uma proposição necessariamente verdadeira.
b) "Algum livro é instrutivo" é uma proposição necessariamente verdadeira.

c) "Algum livro não é instrutivo" é uma proposição verdadeira ou falsa.

d) "Algum livro é instrutivo" é uma proposição verdadeira ou falsa.

e) "Algum livro não é instrutivo" é uma proposição necessariamente verdadeira.

Solução:

É dado no enunciado que a proposição "Todo livro é instrutivo" é verdadeira. Ou seja, se chamarmos de:

A; o conjunto dos livros

B; o conjunto dos instrutivos

Teremos duas representações, a seguir:

1) A está contido em B, ou seja, todo elemento de A deve estar dentro de B. Veja a representação categórica:

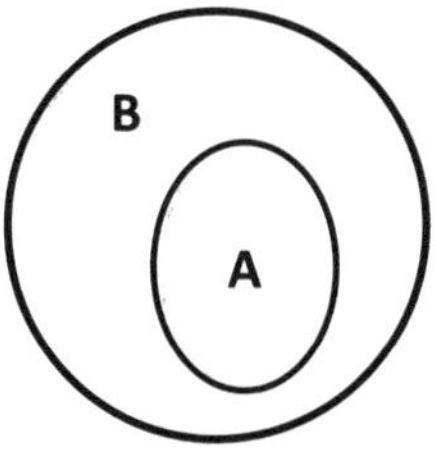

Analisando os valores lógicos das outras proposições categóricas:

- Algum A é B (algum livro é instrutivo) = Verdadeiro
- Algum A não é B (algum livro não é instrutivo) = Falso
- Nenhum A é B (nenhum livro é instrutivo) = Falso

2) A e B são iguais. Veja a representação categórica:

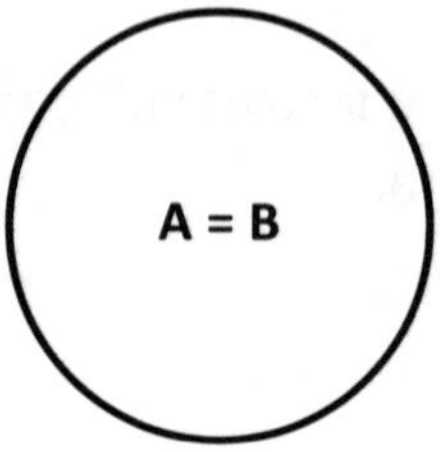

Analisando os valores lógicos das outras proposições categóricas:

– Algum A é B (algum livro é instrutivo) = Verdadeiro
– Algum A não é B (algum livro não é instrutivo) = Falso
– Nenhum A é B (nenhum livro é instrutivo) = Falso

Podemos, então, concluir o valor das outras proposições categóricas:

– Algum livro é instrutivo é necessariamente verdadeiro.
– Algum livro não é instrutivo é necessariamente falso.
– Nenhum livro é instrutivo é necessariamente falso.

Agora, vamos analisar as respostas:

a) F, pois a proposição "Nenhum A é B" é sempre falsa.
b) V, pois a proposição "Algum A é B é sempre verdadeira.
c) F, pois a proposição "Algum A não é B" é sempre falsa.
d) F, pois a proposição "Algum A é B" é sempre verdadeira.
e) F, pois a proposição "Algum A não é B" é sempre falsa.

Capítulo 3 - Argumento

Chamamos de argumento uma afirmação de um grupo de proposições iniciais que resulta em uma outra proposição final, que será consequência das iniciais.

Ou melhor, argumento é a relação que associa um conjunto de proposições p_1, p_2, ... , p_n, chamadas de premissas (ou hipóteses) do argumento, a uma proposição **c**, chamada de conclusão (ou tese).

Os argumentos formados por duas premissas e a conclusão são chamados de SILOGISMOS.

Exemplos:

p_1 = Todos os cariocas são brasileiros
p_2 = Nenhum australiano é brasileiro
c = Nenhum carioca é australiano

p_1 = Todos os alunos foram aprovados
p_2 = Paulo não é aluno
c = Paulo não foi aprovado

O nosso objetivo é verificar se os argumentos são válidos (legítimos, ou bem construídos) ou inválidos.

3.1: Argumento válido

Dizemos que um argumento é válido quando a sua conclusão é uma consequência obrigatória do seu conjunto de premissas.

Na lógica, o estudo dos argumentos não leva em conta a verdade ou a falsidade das premissas que fazem parte do argumento, mas somente a validade deste. O que importa é a construção, e não o seu conteúdo. Se a construção está perfeita, então o argumento é válido, independentemente do conteúdo das premissas ou da conclusão.

Com isso, veremos que, em alguns casos, apesar de as premissas e a conclusão serem falsas e até mesmo absurdas, o argumento pode ainda assim ser considerado válido. Veja o silogismo abaixo:

p_1 = Todos os homens são pássaros
p_2 = Nenhum pássaro é animal
c = Logo, nenhum homem é animal

Vamos mostrar que esse argumento é válido, apesar de as premissas e a conclusão serem falsas.

Para determinar se um argumento é válido ou não usaremos os diagramas de conjuntos. Esse método é muito simples e útil na resolução de questões de concursos. Vejamos como funciona passo a passo:

Na premissa $\mathbf{p_1}$ afirmamos que "Todos os homens são pássaros". Se chamarmos de A o conjunto dos homens e de B o conjunto dos pássaros, teremos os seguintes diagramas de conjuntos.

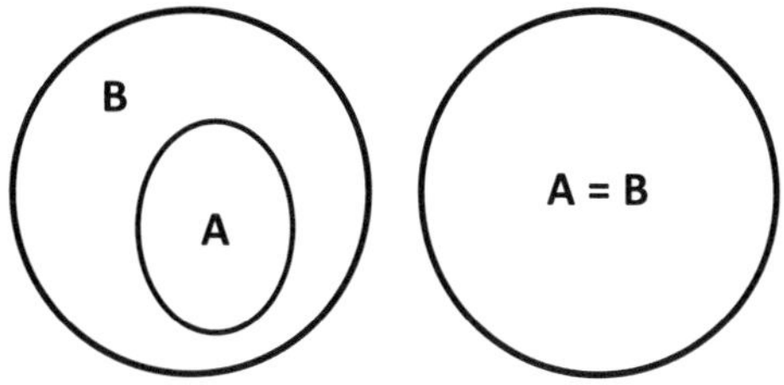

Nestes diagramas podemos observar que todos os elementos do conjunto A (homens) estão contidos no conjunto B (pássaros).

Na premissa $\mathbf{p_2}$ afirmamos que "Nenhum pássaro é animal". Já chamamos de B o conjunto dos pássaros. Agora, chamaremos de C o conjunto dos animais. Então, teremos o seguinte diagrama de conjuntos:

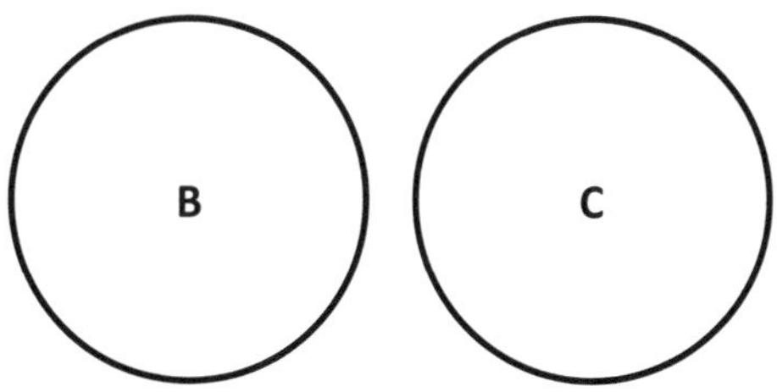

Neste diagrama podemos observar que nenhum elemento do conjunto B (pássaros) está contido no conjunto C (animais), e vice--versa.

Resumindo, teremos:

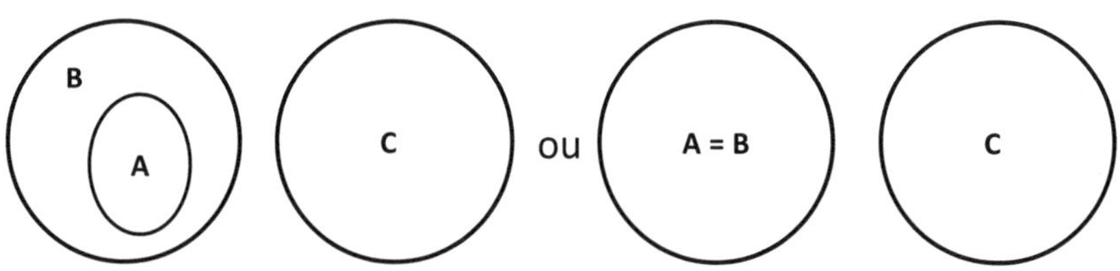

Agora, podemos comparar a conclusão do nosso argumento, que diz que "Nenhum homem é animal", ou seja, Nenhum A é C. Olhando para os diagramas de conjuntos anteriores, podemos concluir que essa conclusão é uma consequência das premissas.

Logo, podemos dizer que o seu argumento está perfeitamente bem construído, sendo, portanto um ***argumento válido***, apesar de as premissas e a conclusão serem falsas.

Observe que o conjunto A (homens) está totalmente separado (dissociado) do conjunto C (animais).

Observe também que consideramos as duas premissas verdadeiras, mesmo sabendo através de nossos conhecimentos que elas são absurdas. Para resolvermos problemas de raciocínio dedutivo lógico não é possível estabelecer a verdade de sua conclusão sem antes considerarmos as premissas verdadeiras. A verdade ou falsidade das premissas é tarefa da ciência.

3.2: Argumento inválido

Dizemos que um argumento é inválido, ilegítimo, ou mal construído, quando a verdade das premissas não é suficiente para garantir a verdade da conclusão.

Para um melhor entendimento, vamos usar o diagrama de conjuntos para estudar o exemplo abaixo:

p_1 = Todos as crianças gostam de chocolate

p_2 = Paula não é criança

c = Logo, Paula não gosta de chocolate

Na premissa $\mathbf{p_1}$ afirmamos que "Todos as crianças gostam de chocolate". Se chamarmos de A o conjunto das crianças e de B o conjunto das pessoas que gostam de chocolate, teremos os seguintes diagramas de conjuntos (Todo A é B):

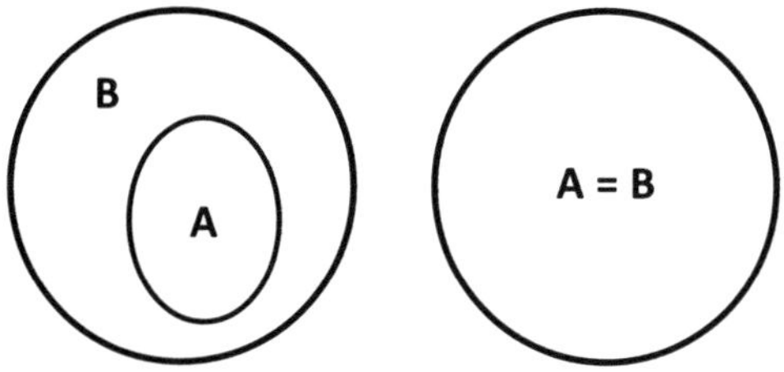

Na premissa $\mathbf{p_2}$ afirmamos que "Paula não é criança". Já chamamos de A o conjunto das crianças. Agora, chamaremos de **c** o elemento Paula. Então, teremos os seguintes diagramas de conjuntos ($c \notin A$):

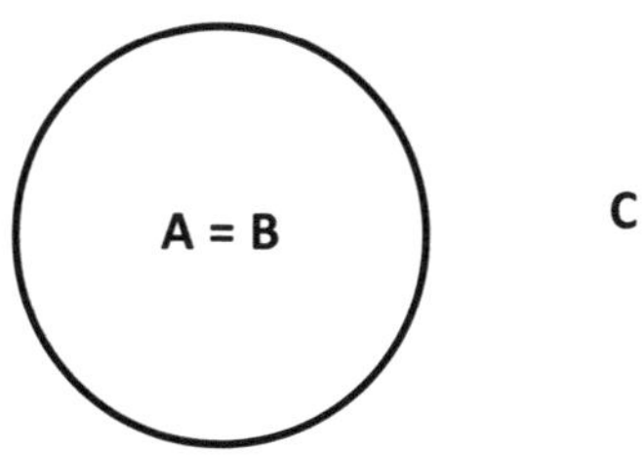

Na 1ª situação, podemos observar que o elemento **C** (Paula) deve estar fora do conjunto B (pessoas que gostam de chocolate), pois A = B. Logo, a conclusão de que Paula gosta de chocolate estaria inválida.

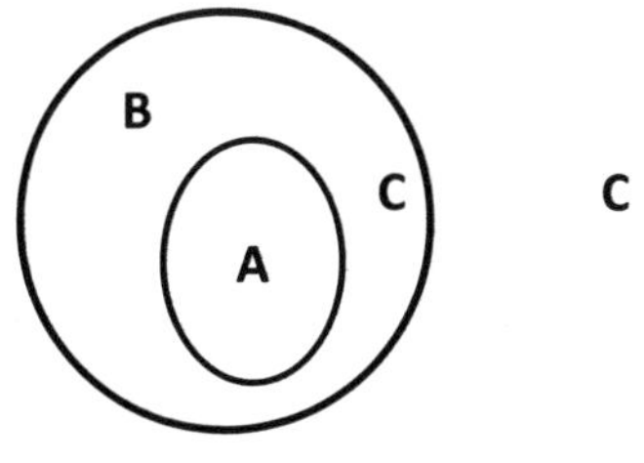

Na 2ª situação, podemos observar que o elemento **C** (Paula) pode estar dentro ou fora do conjunto B (pessoas que gostam de chocolate).

Paula só não pode estar dentro do conjunto A (crianças), devido a restrição da premissa P_2.

Se o elemento **C** estiver dentro do conjunto B, a conclusão de que Paula gosta de chocolate estaria válida.

Porém, se o elemento **C** estiver fora do conjunto B, a conclusão de que Paula gosta de chocolate estaria inválida.

Então, podemos concluir que o ***argumento é inválido***, pois a conclusão do argumento não é necessariamente verdadeira, ou seja, as premissas não garantiram a veracidade da conclusão.

3.3: Métodos para Testar a Validade dos Argumentos

3.3.1) Diagrama de Conjuntos

Este método, estudado anteriormente, é indicado quando as palavras TODO, ALGUM e NENHUM (ou um dos seus sinônimos, como cada, existe um, ...) aparecem nas premissas do argumento.

3.3.2) Tabelas Verdade do Argumento

Este método é indicado quando nas premissas aparecem os conectivos "OU", "E", "→" e "↔".

Baseia-se na construção da tabela-verdade com uma coluna para cada premissa, e uma para a conclusão.

Após a conclusão da tabela-verdade, verificamos quais são as linhas que possuem valor lógico das premissas iguais a V. Se em todas essas linhas os valores lógicos da coluna conclusão também forem iguais a V, então o argumento é válido. Se pelo menos uma das linhas tiver na coluna de conclusão o valor lógico igual a F, então dizemos que o argumento é inválido.

Este método é mais trabalhoso, mas é por meio dele que podemos observar e entender claramente a validade de um argumento.

Ex: $p_1 = P \vee Q$

$p_2 = \sim P$

$c = Q$

Vamos, inicialmente, construir a tabela-verdade.

		p_1	**p_2**	**c**
P	**Q**	**P v Q**	**~P**	**Q**
V	V	V	F	V
V	F	V	F	F
F	V	V	V	V
F	F	F	V	F

Analisando a tabela-verdade podemos observar que a única linha que possui as duas premissas com valor lógico V é a terceira linha. O valor lógico da conclusão para a terceira linha também é igual à V.

Logo, podemos concluir que o **argumento é válido**.

Ex: $p_1 = P \rightarrow Q$

$p_2 = \sim P$

$c = \sim Q$

Vamos construir a tabela-verdade.

		P_1	P_2	C
P	Q	P → Q	~P	~Q
V	V	V	F	F
V	F	F	F	V
F	V	V	V	F
F	F	V	V	V

Analisando a tabela-verdade acima podemos observar que existem duas linhas que possuem as duas premissas com valor lógico V, que são a 3ª e a 4ª linhas. O valor lógico da conclusão para a 4ª linha é igual a V, porém o valor lógico da conclusão para a 3ª linha é igual a F. Logo, podemos concluir que o **argumento é inválido**.

3.3.3) Considerar as Premissas Verdadeiras e Verificar o Valor Lógico da Conclusão

É um método bem fácil e rápido para verificar a validade de um argumento, mas só deve ser usado na impossibilidade do uso do método dos diagramas de conjuntos.

Primeiro, consideramos as premissas como sendo verdadeiras. Depois, por meio de operações lógicas com os conectivos, descobrimos o valor lógico da conclusão. Caso este seja verdade, concluímos que o argumento é válido.

Capítulo 4 - Sentenças abertas e quantificadores

Existem sentenças, tais como:

$x + 1 = 7$

$x > 2$

$x^3 = 2x^2$

que contém variáveis e que terão seu valor lógico dependente do valor atribuído à variável.

Vejamos a sentença $x + 1 = 7$.

Se trocarmos **x** por 6, o valor lógico da sentença será verdadeiro. Para qualquer outro valor atribuído a **x**, o valor lógico da sentença será falso.

Vejamos a sentença $x > 2$.

Se trocarmos **x** por 3, 4, 5, ... (maiores que 2), o valor lógico da sentença será verdadeiro. Se trocarmos **x** por 0 e 1, o valor lógico da sentença será falso.

Vejamos a sentença $x^3 = 2x^2$

Se trocarmos **x** por 0 ou 2, o valor lógico da sentença será verdadeiro. Para qualquer outro valor atribuído a **x**, o valor lógico da sentença será falso.

As sentenças que contêm variáveis são chamadas **funções proposicionais ou sentenças abertas**. Tais sentenças não são proposições, pois seu valor lógico é discutível, dependendo do valor atribuído às variáveis.

Podemos transformar as sentenças abertas em proposições atribuindo valor às variáveis ou utilizando os quantificadores.

4.1: Quantificador Universal

É indicado pelo símbolo $\forall$, que se lê: "Para Todo" ou "Qualquer que seja" ou "Para cada"

Ex: $(\forall x)(x + 1 = 7)$ é lida "Para todo **x**, temos $x + 1 = 7$". Falsa

$(\forall x)(X^3 = 2x^2)$ é lida "Para todo **x**, temos $x^3 = 2x^2$". Falsa

$(\forall x)((x + 1)^3 = x^2 + 2x + 1)$ é lida "Para todo x, temos $(x + 1)^3 = x^2 + 2x + 1$". Verdadeira

$(\forall x)(x^2 + 1 > 0)$ é lida "Para todo x, temos $x^2 + 1 > 0$". Verdadeira

4.2: Quantificador Existencial

É indicado pelo símbolo $\exists$, que se lê: "Existe" ou "Existe pelo menos um" ou "Existe um".

Ex: $(\exists x)(x + 1 = 7)$ é lida "Existe um número **x**, tal que $x + 1 = 7$". Verdadeira.

$(\exists x)(X^3 = 2x^2)$ é lida "Existe um número **x**, tal que $x^3 = 2x^2$". Verdadeira.

$(\exists x)(x^2 + 1 \leq 0)$ é lida "Existe um número **x**, tal que $x^2 + 1 \leq 0$". Falsa

4.3: Negação de Proposições Quantificadas

Vamos ver como fazemos a negação das proposições quantificadas, tanto com o quantificador universal, como com o quantificador existencial.

4.3.1) Quantificador Universal

Dada a sentença $(\forall x)(P(x))$. Para negá-la devemos substituir o quantificador universal pelo existencial e negar P(x). Obteremos $(\exists x)(\sim P(x))$

Ex:	Sentença:	$(\forall x)(x + 3 = 5)$
	Negação :	$(\exists x)(x + 3 \neq 5)$

Ex:	Sentença:	Todo losango é um quadrado.
	Negação :	Existe um losango que não é quadrado.

4.3.2) Quantificador Existencial

Dada a sentença $(\exists x)(P(x))$. Para negá-la devemos substituir o quantificador existencial pelo universal e negar P(x). Obteremos $(\forall x)(\sim P(x))$

Ex: Sentença : $(\exists x)(x = x)$

Negação: $(\forall x)(x \neq x)$

Exercícios resolvidos

11) Julgue as proposições abaixo quanto ao seu valor lógico.

a) $(\forall x \in R)(x + 4 > 9)$

Falsa, pois $1 \in R$ e $1 + 4 = 5$, que é menor do que 9.

b) $(\forall x \in N)(x^2 \geq 0)$

Verdadeiro, pois o conjunto dos números naturais é formado por 0, 1, 2, 3, ... qualquer um desses números, elevado ao quadrado, será sempre maior ou igual a zero.

Capítulo 5 - Análise combinatória

5.1: Fatorial

Vejamos o seguinte exemplo:

Uma pessoa comprou 5 novos CD's e quer colocá-los lado a lado na sua estante. Queremos saber de quantas maneiras diferentes ele pode fazer essa arrumação.

Na primeira posição podemos colocar qualquer um dos 5 CD's, ou seja, existem 5 maneiras diferentes.

Uma vez colocado o primeiro CD, restam 4 outros CD's para serem arrumados nas outras 4 posições.

Então, na segunda posição podemos escolher 1 entre os 4 CD's restantes.

Não devemos nos esquecer que cada CD colocado na posição 1 combina com os 4 colocados na posição 2.

Usamos o mesmo raciocínio para as outras 3 posições.

Então, podemos concluir que o número de formas diferentes de arrumação é igual a:

5 x 4 x 3 x 2 x 1 = 5!, também chamado de 5 Fatorial.

5.2: Princípio Fundamental da Contagem

Vejamos um exemplo:

Uma pessoa veste sempre uma calça e uma blusa para trabalhar. Ela possui 2 calças e 3 blusas em seu guarda-roupas. Queremos saber de quantas formas diferentes esta pessoa pode se vestir para ir ao trabalho.

Vejamos:

Inicialmente, chamemos as calças de C_1 e C_2 e as blusas de B_1, B_2 e B_3

Agora, vamos combinar as calças com as blusas.

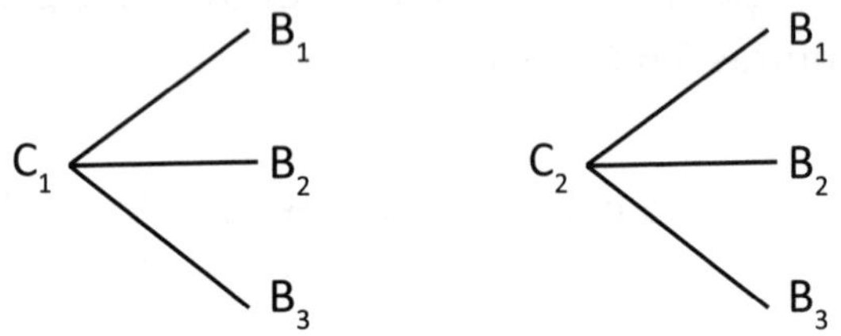

Observe que conseguimos 6 formas diferentes de combinar as 2 calças com as 3 blusas desta pessoa.

Agora, observe que ao lado esquerdo das nossas combinações temos as calças, ou seja, 2.

Do lado direito das nossas combinações temos as blusas, que são 3.

Então, o número total de combinações possíveis é de 2 x 3 = 6

Entendido o exemplo anterior, podemos definir o princípio fundamental da contagem.

Definição: Suponha que se possa fazer "n" escolhas independentes com:

$\mathbf{m_1}$ maneiras de fazer a escolha 1,

$\mathbf{m_2}$ maneiras de fazer a escolha 2,

$\mathbf{m_3}$ maneiras de fazer a escolha 3,

....

$\mathbf{m_n}$ maneiras de fazer a escolha **n**,

Então, existem $\mathbf{m_1 \times m_2 \times m_3 \cdot \ldots \cdot m_n}$ maneiras diferentes de fazer a sequência de escolhas.

Veja que, no exemplo usa anteriormente $\mathbf{m_1} = 2$ e $\mathbf{m_2} = 3$.

Agora, suponha que, além das 2 calças e das 3 blusas, a pessoa também esteja levando em consideração os 2 paletós na sua combinação.

Então, o número de maneiras diferentes de se vestir para o trabalho será igual a 2 x 3 x 2 = 12.

Exemplo: Considere uma caixa com canetas vermelhas, azuis e pretas. Em um determinado momento uma caneta é retirada da caixa. A sua cor é anotada e ela é novamente colocada dentro da caixa. O mesmo acontece para uma segunda caneta. Quantas são as possíveis sequências de cores observadas?

Solução:

Em cada extração, sabemos que a caneta pode ter 3 cores diferentes. Então, pelo princípio fundamental da contagem, concluímos que o número de sequências possíveis é igual à $3 \times 3 = 3^2 = 9$.

5.3: Permutações ou Arranjos

Consiste do número de possíveis maneiras de arranjar (ordenar) certos conjuntos de objetos.

Vale ressaltar que o princípio fundamental da contagem pode ser aplicado às questões de arranjar.

Por meio das permutações conseguimos um método mais eficiente.

O número de permutações de "n" objetos distintos tomados em grupos de "r" ($r < n$) é representado por $P(n,r)$. Se aplicarmos o princípio fundamental da contagem a grupamentos desse tipo, teremos:

$$P(n,r) = n \times (n-1) \times (n-2) \, . \, \ldots \, . \, [n-(r-1)]$$

Ou seja,

O número de permutações, ou arranjos, de **n** objetos distintos, tomados **r** a cada vez, em que $n \leq r$, é dado por:

$P(n,r) = n \times (n-1) \times (n-2) \,.\, \ldots \,.\, (n-r+1)$

Também podemos definir o número de permutações usando o conceito de fatorial.

$$P(n,r) = \frac{n!}{(n-r)!}$$

Exemplo: Quantos números de 2 algarismos distintos podemos formar com os números 7, 8, e 9?

Solução:

Como o número em questão possui 2 algarismos, coloquemos 2 traços, e cada traço representará um algarismo do número analisado.

<u>Algarismo 1</u> <u>Algarismo 2</u>

O algarismo 1 pode ser 7, 8 ou 9, ou seja, temos 3 possibilidades.

O algarismo 2 pode ser 8 ou 9, se o algarismo 1 for 7.
7 ou 8, se o algarismo 1 for 9.
7 ou 9, se o algarismo 1 for 8.

Ou seja, para cada algarismo 1 escolhido, temos duas possibilidades para o algarismo 2.

Então, pelo principio fundamental da contagem, podemos formar 3 x 2 = 6 números de 2 algarismos com os números 7, 8 e 9.

78 79 89 98 97 87

Também podemos resolver pela fórmula que acabamos de aprender, ou seja:

$$P(3,2) = \frac{3!}{(3-2)!} = \frac{3!}{1!} = 3! = 3 \times 2 = 6$$

Exemplo: Quantos números de 2 algarismos podemos formar com os números 7, 8, e 9?

Solução:

Como não é especificado no enunciado se os algarismos podem ser repetidos, consideraremos que eles podem ser repetidos.

Como o número em questão possui 2 algarismos, coloquemos 2 traços, onde cada traço representa um algarismo do número analisado

<u>Algarismo 1</u> <u>Algarismo 2</u>

O algarismo 1 pode ser 7, 8 ou 9, ou seja, temos 3 possibilidades.

O algarismo 2 também pode ser 7, 8 ou 9, ou seja, temos 3 possibilidades.

Então, pelo principio fundamental da contagem, podemos formar 3 x 3 = 9 números de 2 algarismos com os números 7, 8 e 9.

77 88 99 78 79 89 98 97 87

5.4: Permutações (Arranjos) com Ítens Repetidos

As permutações também podem ser realizadas com itens repetidos.

Exemplo: De quantas maneiras diferentes podemos arranjar a palavra **zoo**?

Inicialmente, notamos que a palavra **zoo** possui uma letra "z" e duas letras "o".

Uma vez que as duas letras "o" podem ser arranjadas de formas diferentes (2!), o número de arranjos diferentes é:

$$\frac{3!}{2!} = 3 \text{ (zoo, ozo, ooz)}$$

Desta forma, definimos:

Se uma coleção de **n** objetos, que contém $\mathbf{n_1}$ que são idênticos, outros $\mathbf{n_2}$ que são idênticos entre si, mas diferentes dos primeiros $\mathbf{n_1}$, e assim sucessivamente até $\mathbf{n_k}$, então o número de arranjos diferentes de todos os **n** objetos é dado por:

$$\frac{n!}{n! \times n_2! \times \ldots .\, n_k!}$$

Exemplo: Quantos arranjos distintos podem ser feitos com as letras da palavra **estatística**?

Inicialmente, notemos que a palavra em questão possui 11 letras, porém temos a letra **s** ocorrendo 2 vezes, a letra **t** ocorrendo 3 vezes, a letra **a** ocorrendo 2 vezes e a letra **i** ocorrendo 2 vezes. Então:

$n = 11$ número de letras

$n_1 = 2$ número de repetições da letra **s**

$n_2 = 3$ número de repetições da letra **t**

$n_3 = 2$ número de repetições da letra **a**

$n_4 = 2$ número de repetições da letra **i**

Resposta: $\dfrac{11!}{2! \times 3! \times 2! \times 2!} = 831.600$ arranjos distintos.

5.5: Combinações

Existem certos arranjos em que a ordem entre os elementos não é importante. Como exemplo, podemos citar o cálculo da probabilidade de uma pessoa acertar a Mega-sena, no qual não é necessário acertar a ordem em que os números são sorteados, mas apenas a combinação dos números.

As combinações podem, então, ser definidas como sendo os arranjos nos quais não importa a ordem.

O número de combinações (subconjuntos) de **n** objetos tomados em grupos de **r**, em que $r \leq n$ é dado por:

$$C(n,r) = \frac{P(n,r)}{r!} = \frac{n!}{r!\ (n-r)!}$$

Exercícios resolvidos

12) (UNESP/SP) O setor de emergência de um hospital conta, para os plantões noturnos, com 3 pediatras, 4 clínicos e 5 enfermeiros. As equipes de plantão deverão ser formadas por 1 pediatra, 1 clínico e 2 enfermeiros.

Determine quantas equipes de plantão distintas podem ser formadas.

Solução:

Devemos escolher 1 dentre os 3 pediatras existentes, 1 dentre os 4 clínicos existentes e 2 dentre os 5 enfermeiros existentes.

Repare que não importa a ordem dos profissionais, mas simplesmente quais profissionais farão parte da equipe.

Então, usaremos a fórmula das combinações pare resolver este problema.

Para os pediatras teremos $C(3,1) = \dfrac{3!}{1!\ (3-1)!} = \dfrac{3!}{2!} = 3$

Para os clínicos teremos $C(4,1) = \dfrac{4!}{1!\ (4-1)!} = \dfrac{4!}{3!} = 4$

Para os enfermeiros teremos

$$C(5,2) = \frac{5!}{2!\ (5\text{-}2)!} = \frac{5!}{2!\ 3!} = \frac{5\ .\ 4\ .\ 3!}{2!\ 3!} = \frac{5\ .\ 4}{2} = \frac{20}{2} = 10$$

Pelo princípio fundamental da contagem, concluiremos que a resposta é igual a:

3 x 4 x 10 = 120 equipes de plantão distintas.

5.6: Resumo

Vamos montar um quadro que nos facilitará na memorização das fórmulas dos arranjos e das combinações. Vamos, inicialmente, supor a seguinte situação:

De um grupo de 4 estudantes (Ana, Beatriz, Carla e Daniela) pretende-se formar uma comissão de apenas 2 alunos para representar a turma perante a direção do colégio. Queremos saber a quantidade de comissões distintas que podem ser formadas.

Comissões onde a ordem dos estudantes É importante	AB, AC, AD, BC, BD, CD BA, CA, DA, CB, DB, DC	$A(4,2) = \frac{4!}{2!} = \frac{4 . 3 . 2!}{2!} = 12$
Comissões onde a ordem dos estudantes NÃO É importante	AB, AC, AD, BC, BD, CD	$C(4,2) = \frac{4!}{2! . 2!} = \frac{4 . 3 . 2!}{2 . 2} = \frac{12}{2} = 6$

PARTE 2

ÁLGEBRA

TEORIA DOS CONJUNTOS

Símbolos

$\in$: Pertence	$\notin$: Não pertence	$\subset$: Está contido
$\not\subset$: Não está contido	$\supset$: Contém	/: Tal que
$\Rightarrow$: Implica	$\Leftrightarrow$: se, e somente se	$\exists$: Existe
$\forall$: Para todo	$\varnothing$: Conjunto Vazio	N: Naturais
Z: Inteiros	Q: Racionais	I: Irracionais
R: Reais	$A \cap B$: A interseção B	$A \cup B$: A união B
A – B: Diferença de A e B	a > b: a maior que b	a < b: a menor que b

Conjunto Vazio

É o conjunto que não possui elementos. O conjunto vazio é representado por $\varnothing$ ou por { }.

Subconjuntos

Quando todos os elementos de um conjunto A qualquer pertencem a outro conjunto B, dizemos que A é um subconjunto de B, ou que A está contido em B ($A \subset B$).

União de Conjuntos

Dados dois conjuntos A e B, define-se como união dos conjuntos A e B ao conjunto representado por $A \cup B$. Este conjunto é formado por todos os elementos pertencentes a A ou B. Veja a figura abaixo:

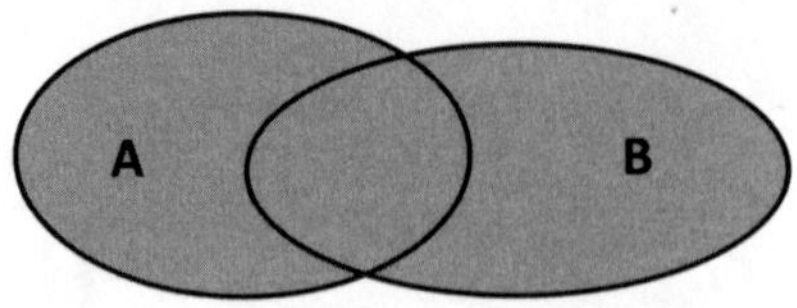

$$A \cup B = \{x \,/\, x \in A \text{ ou } x \in B\}$$

Observações: 1) $A \cup A = A$ 2) $A \cup \varnothing = A$

Interseção de Conjuntos

Dados dois conjuntos A e B, define-se como interseção dos conjuntos A e B ao conjunto representado por $A \cap B$. Este conjunto é formado por todos os elementos pertencentes a A e a B, simultaneamente. Veja a figura abaixo:

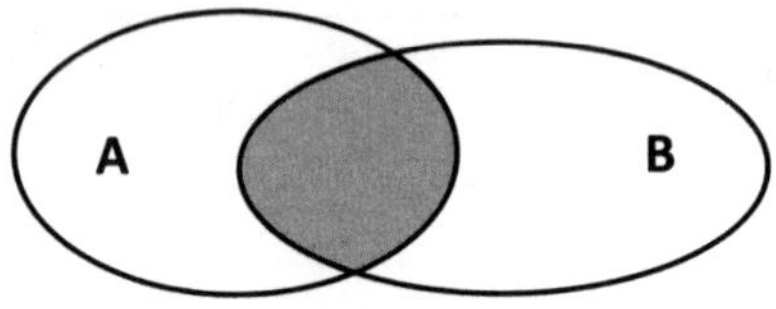

$$A \cap B = \{x \,/\, x \in A \text{ e } x \in B\}$$

Observações: 1) $A \cap A = A$ 2) $A \cap \varnothing = A$

Diferença de Conjuntos

Dados dois conjuntos A e B, define-se como diferença entre A e B (nesta ordem) ao conjunto representado por A – B. Este conjunto é formado por todos os elementos que pertencem a A, mas não pertencem a B.

Veja a figura abaixo:

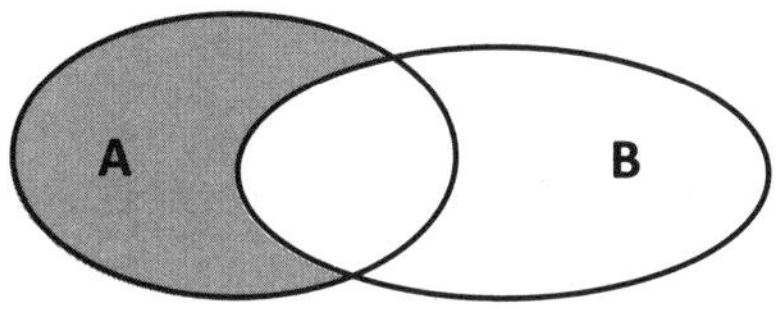

$A - B = \{x / x \in A \text{ e } x \notin B\}$

Observações: 1) $A - B \neq B - A$

Conjunto das partes de um conjunto

Se um conjunto A possuir n elementos, então ele admite um total de 2^n subconjuntos. O conjunto das partes de A, representada por P(A), tem como elementos todos os subconjuntos de A.

Produto Cartesiano

Dados os conjuntos A e B, chama-se produto cartesiano de A por B, ao conjunto representado por A x B, formado por todos os pares ordenados (x,y), onde **x** é elemento de A e **y** é elemento de B.

$A \times B = \{(x,y) / x \in A \text{ e } y \in B\}$

Observações: 1) Geralmente $A \times B = B \times A$

CONJUNTOS NUMÉRICOS

Números Naturais

N = {0, 1, 2, 3, ... }

Números Inteiros

Os números inteiros são todos os números naturais e também os seus opostos.

Z = { ... , -3, -2, -1, 0, 1, 2, 3, ... }

Números Racionais

Os números racionais são aqueles que podem ser representados por uma fração entre dois números inteiros.

$$Q = \{x \,/\, x = \frac{p}{q} \text{ , } p \text{ , } q \in Z \text{ , } q \neq 0\}$$

Exemplos de números racionais: -3 , $\frac{-2}{3}$, 50,5 , 0,333...(dízimas periódicas)

Números Irracionais

Os números irracionais são aqueles que não podem ser representados por uma fração entre dois números inteiros.

São números irracionais:

0,1010010001 ... , $\Pi = 3{,}1415926\ldots$, $\sqrt{2} = 1{,}4142135\ldots$, $\sqrt{3} = 1{,}7320508\ldots$, $e = 2{,}7182818\ldots$

<u>Números Reais</u>

O conjuntos dos números reais é definido como a união entre os conjuntos dos números racionais e irracionais.

$R = Q \cup I$

Todo número real pode ser representado por um ponto sobre uma reta, e, reciprocamente, qualquer ponto sobre uma reta pode ser associado a um número real.

$N \subset Z \subset Q \subset R$, $I \subset R$, $R - Q = I$

<u>Intervalos</u>

Intervalo aberto: é um subconjunto de todos os números reais que estão compreendidos entre dois reais quasiquer. (exclui os extremos)

R $(a,b) = \,]a,b[\, = \{x \in R /\ a < x < b\}$

Intervalo fechado: é um subconjunto de todos os números reais que estão compreendidos de um real até o outro real. (Inlcui os extremos)

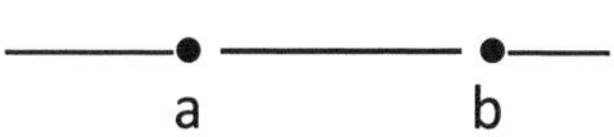

R $[a,b] = \{x \in R /\ a \le x \le b\}$

Vejamos outros intervalos: $(a, b] =]a, b] = \{x \in R / a < x \leq b\}$

$[a, b) = [a, b[= \{x \in R / a \leq x < b\}$

Módulo de um Número

Módulo ou valor absoluto de um número real qualquer é a distância do mesmo ao zero (origem). O módulo de um número **x** pode ser definido por:

$| x | = \sqrt{x^2} = x, \text{ se } x^3 - x, \text{ se } x < 0$

Propriedades: $|x| \geq 0, \ \forall x \in R$

$|x| = |y| \Leftrightarrow x = \pm y$

$a \in R_+^*$ e $|x| = a \Rightarrow x = \pm a$

Inequações Modulares

O módulo de um número real **x** qualquer admite as seguintes propriedades para $a \in R_+^*$:

(I) $|x| \leq a \Leftrightarrow -a \leq x \leq a$ 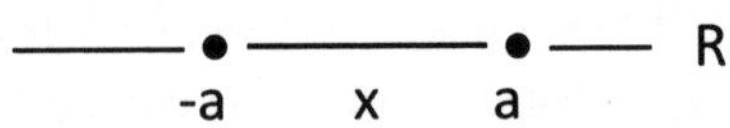

(II) $|x| \geq a \Leftrightarrow x \leq -a$ ou $x \geq a$ 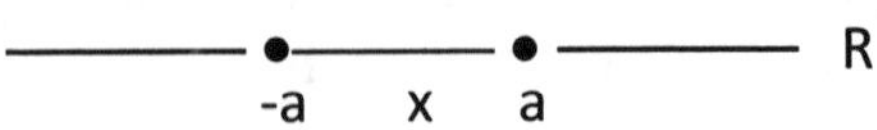

POTENCIAÇÃO

Dado um número real **a** qualquer, sendo **n** um número natural (n > 1), define-se **a** elevado a **n** ao produto de **n** fatores iguais ao número **a,** ou seja, $a^n = a \cdot a \cdot a \cdot \ldots \cdot a$ n vezes

Casos Particulares

$a^0 = 1\ (a \neq 0)$ $\quad a^{-1} = \dfrac{1}{a}\ (a \neq 0)$ $\quad a^1 = 1$

Propriedades

I) $a^m \times a^n = a^{m+n}$ Ex: $2^3 \times 2^4 = 2^{3+4} = 2^7 = 128 = 8 \times 16$

II) $\dfrac{a^m}{a^n} = a^{m-n,}\ a^{1}0$ Ex: $\dfrac{2^4}{2^3} = 2^{4-3} = 2^1 = \dfrac{16}{8}$

III) $(a^m)^{a\ n} = a^{m \times n}$ Ex: $(2^3)^2 = 2^{3 \times 2} = 2^6 = 64$

IV) $(a \times b)^n = a^n \times b^n$ Ex: $(2 \times 3)^2 = 2^2 \times 3^2 = 4 \times 9 = 36 = 6^2$

V) $\left(\dfrac{a}{b}\right)^n = \dfrac{a^n}{b^n}$ Ex: $\left(\dfrac{4}{2}\right)^3 = \dfrac{4^3}{2^3} = \dfrac{64}{8} = 8 = 2^3$

VI) $a^{-n} = \left(\dfrac{1}{a}\right)^n,\ a^{1}\ 0$ Ex: $2^{-3} = \left(\dfrac{1}{2}\right)^3 = \dfrac{1}{8}$

Observações:

1) $(a^m)^n \neq a^m$ Ex: $(2^3)^2 \neq 2^3 \rightarrow 2^6 \neq 2^9$

2) $(a+b)^2 \neq a^2 + b^2$ Ex: $(2+3)^2 \neq 2^2 + 3^2 \rightarrow (5)^2 \neq 4+9 \rightarrow 25 \neq 13$

3) $(a-b)^2 \neq a^2 - b^2$ Ex: $(4-2)^2 \neq 4^2 - 2^2 \rightarrow (2)^2 \neq 16 - 4 \rightarrow 4 \neq 12$

Potências de 10

$10^n = 10 \times 10 \times 10 \times$ (n vezes)

$10^{-n} = \dfrac{1}{10} \times \dfrac{1}{10} \times \dfrac{1}{10} \times \ldots$ (n vezes)

Ex: $10^5 = 100000$ (5 vezes)

$10^{-2} = 0{,}01$ (2 casas decimais)

RADICIAÇÃO

Define-se como raiz de índice **n**, **n** $\in$ N* de um número **a**, ao número **x** tal que **x** elevado a **n** resulta em **a**.

$$\sqrt[n]{a} = x \Leftrightarrow x^n = a$$

Observação: em todo radical cujo índice é um número par, a raiz considerada é sempre positiva.

Propriedades:

Sejam n $\in$ N* e m $\in$ N*,

I) $\sqrt[n]{a^m} = a^{\frac{m}{n}}$

II) $\sqrt[n]{a \times b} = \sqrt[n]{a} \times \sqrt[n]{b}$

III) $\sqrt[n]{a/b} = \dfrac{\sqrt[n]{a}}{\sqrt[n]{b}}$

IV) $\sqrt[n]{\sqrt[m]{a}} = \sqrt[n \times m]{a}$

Observação: em caso de índice par, os radicandos devem ser positivos.

Racionalização

Racionalizar o denominador de uma fração consiste em eliminar, através de propriedades algébricas, o radical ou os radicais do denominador.

Casos Principais:

$$\frac{N}{\sqrt{a}} = \frac{N}{\sqrt{a}} \times \frac{\sqrt{a}}{\sqrt{a}} = \frac{N x \sqrt{a}}{\sqrt{a^2}} = \frac{N x \sqrt{a}}{a}$$

$$\frac{N}{\sqrt[n]{a^x}} = \frac{N}{\sqrt[n]{a^x}} \times \frac{\sqrt[n]{a^{n-x}}}{\sqrt[n]{a^{n-x}}} = \frac{N.\sqrt[n]{a^{n-x}}}{\sqrt[n]{a^n}} = \frac{N x \sqrt[n]{a^{n-x}}}{a}$$

$$\frac{N}{\sqrt{a}+\sqrt{b}} = \frac{N}{\sqrt{a}+\sqrt{b}} \times \frac{(\sqrt{a}-\sqrt{b})}{(\sqrt{a}-\sqrt{b})} = \frac{N.(\sqrt{a}-\sqrt{b})}{a-b}$$

EQUAÇÕES DO 2º GRAU

Uma equação na incógnita **x** é dita do 2º grau, quando pode ser escrita na seguinte forma:

$a \,.\, x^2 + b \,.\, x + c = 0 \quad (a \neq 0)$

As raízes (soluções) desta equação são obtidas a partir da fórmula:

$$x = \frac{-b \pm \sqrt{b^2 - 4ac}}{2a} \quad \text{ou } x = \frac{-b \pm \sqrt{\Delta}}{2a}$$

Observações: 1) As equações incompletas que são da forma $a \,.\, x^2 + b \,.\, x = 0$ podem ser resolvidas também por fatoração.

2) As equações incompletas que são da forma $a \,.\, x^2 + c = 0$ podem ser resolvidas também por meio do isolamento de **x**.

Discriminante

Conforme o valor do discriminante $\Delta = b^2 - 4ac$, há as seguintes possibilidades quanto à natureza das raízes da equação: $ax^2 + bx + c = 0$

$\Delta > 0$ → existem duas raízes reais e que são distintas

$\Delta = 0$ → existem duas raízes reais e que são iguais (uma raiz dupla)

$\Delta < 0$ → existem duas raízes que não são reais, são imaginárias

Relações entre coeficientes e raízes

Soma das raízes: $S = x_1 + x_2 = \frac{-b}{a}$

Produto das raízes: $P = x_1 \cdot x_2 = \frac{c}{a}$

Equação a partir das raízes: $x^2 - Sx + P = 0$

Teorema da decomposição: $ax^2 + bx + c = a \cdot (x - x_1) \cdot (x - x_2)$

Equações biquadradas

Uma equação é denominada equação biquadrada na variável **x**, quando pode ser escrita na forma:

$a \cdot x^4 + b \cdot x^2 + c = 0 \quad (a \neq 0)$

A resolução de uma equação biquadrada é através da troca de variáveis, ou seja,

$x^2 = y \quad \Rightarrow \quad a \cdot y^2 + b \cdot y + c = 0$

ARITMÉTICA BÁSICA

Múltiplos e Divisores

Definição: Sejam **a** e **b** dois números inteiros. Se o quociente da divisão de **a** por **b** é inteiro, designado por **q**, se tem a = b . q, isto é, **a** é igual ao produto de **b** por um inteiro. Diremos então que **a** é divisível por **b**, ou que **b** divide **a**. Nesse caso, **a** chama-se um múltiplo de **b** e **b** chama-se um divisor de **a**. Assim, por exemplo, 21 é múltiplo de 7 e 7 é divisor de 21.

Divisão: Todo inteiro **a** expressa-se de forma única mediante um inteiro positivo **b** na forma: $a = b \cdot q + r;\ 0 \leq r < b$.

O número **a** chama-se dividendo, **b** divisor, **q** quociente e **r**, resto da divisão de **a** por **b**. Observe:

dividendo	**divisor**
resto	**quociente**

Números Primos

Definição: Um número natural é primo, se e somente se, tiver exatamente dois divisores naturais distintos: ele mesmo e o número 1. Observe que 1 não é primo. Os números primos menores do que 100 são: 2, 3, 5, 7, 11, 13, 17, 19, 23, 29, 31, 37, 41, 43, 47, 53, 59, 61, 67, 71, 73, 79, 83, 89, 97.

Números Primos Entre Si

Definição: São dois ou mais números inteiros que admitem para divisor comum apenas um número natural: o número 1.

Algoritmo para Decomposição de um Número em Fatores Primos

Para se decompor um número em fatores primos, basta dividir o número dado pelo seu menor divisor primo; divide-se o quociente pelo seu menor número primo; procedemos da mesma maneira com os demais quocientes obtidos, até se chegar a um quociente unitário. O produto indicado da sucessão de primos obtidos é a decomposição em questão.

Adotamos um algoritmo que consiste em colocar à direita de um traço vertical os divisores primos, e à esquerda os quocientes encontrados.

Exemplo: Vamos decompor em fatores primos o número 360. Vejamos:

$$\begin{array}{r|l} 360 & 2 \\ 180 & 2 \\ 90 & 2 \\ 45 & 3 \\ 15 & 3 \\ 5 & 5 \\ 1 & \end{array} \quad \Rightarrow 360 = 2^3 . 3^2 . 5$$

Quantidade de Divisores

Seja um número inteiro que pode ser decomposto em fatores primos da seguinte forma:

$a = p_1^{\alpha 1} . p_2^{\alpha 2} . ... . p_n^{\alpha n}$, onde $p_1 , p_2 , ... , p_n$ são primos distintos e $\alpha_1 , \alpha_2 , ... , \alpha_n$ são naturais.

O número de divisores naturais de a é dado por: $(\alpha_1 + 1) . (\alpha_2 + 1) . ... . (\alpha_n + 1)$

O número de divisores inteiros é o dobro desse produto, pois temos que considerar os números positivos e os números negativos.

Como exemplo, verificaremos o número 360, que já foi decomposto em fatores primos. Vimos que:

$360 = 2^3 . 3^2 . 5$

Logo, número de dividores naturais = (3 + 1) . (2 + 1) . (1 + 1) = 4.3.2 = 24 e número de dividores inteiros = 24 . 2 = 48.

Agora, vamos verificar a igualdade acima, encontrando todos os divisores de 360.

Divisores de 360 = {1, 2, 3, 4, 5, 6, 8, 9, 10, 12, 15, 18, 20, 24, 30, 36, 40, 45, 60, 72, 90, 120, 180, 360}.

Ou seja, o número 360 possui 24 divisores naturais.

<u>Algoritmo para a Determinação dos Divisores de um Número Inteiro</u>

Decompõe-se o número dado em fatores primos. Em seguida, coloca-se à direita dessa decomposição um traço vertical; à direita deste colocamos todos os divisores do número dado, começando pelo divisor 1, que é colocado acima e à direita do primeiro fator da decomposição. Os demais divisores são obtidos multiplicando-se cada fator primo pelos divisores anteriormente encontrados, evitando repetições.

Exemplo: Vamos determinar o conjunto dos divisores de 90.

1ª Etapa:

1ª Etapa:	90	2
	45	3
	15	3
	5	5
	1	

2ª Etapa:

			1	
2ª Etapa:	90	2	2	2.1 = 2
	45	3	3,6	3.1 = 3 , 3.2 = 6
	15	3	9,18	3.3 = 9 , 3.6 = 18
	5	5	5,10,15,30,45,90	5.1 = 5 , 5.2 = 10, 5.3 = 15, 5.6 = 30, 5.9 = 45, 5.18 = 90

Portanto podemos concluir que :

Divisores Naturais de 90 = {1, 2, 3, 5, 6, 9, 10, 15, 30, 45, 90}

Divisores Inteiros de 90 = {±1, ±2, ±3, ±5, ±6, ±9, ±10, ±15, ±30, ±45, ±90}

Exemplo: Vamos determinar os divisores ímpares de 180

Em primeiro lugar, iremos decompor em fatores primos o número 180. Vejamos:

$$
\begin{array}{r|l}
180 & 2 \\
90 & 2 \\
45 & 3 \\
15 & 3 \\
5 & 5 \\
1 &
\end{array}
\quad \Rightarrow 180 = 2^2 . 3^2 . 5
$$

Os divisores ímpares de 180 não possuem fator 2, isto é, são divisores de $3^2 . 5$. O número de divisores naturais de $3^2 . 5$ é $(2 + 1) . (1 + 1) = 3 . 2 = 6$. Logo, o número de divisores inteiros é $2 . 6 = 12$. Portanto, podemos dizer que 180 possui 12 divisores ímpares inteiros.

Propriedades

I) Sejam **a**, **b** e **c** inteiros. Se **a** divide **b** e **c**, então ele divide **b + c** e **b - c**

Consequências: Se **a** divide **b**, então **a** divide qualquer múltiplo de **b**

Se **a** divide **b** e **b + c** , então **a** divide **c.**

II) Um número natural é divisível por outro, decomposto em fatores primos entre si, quando o primeiro for divisível por todos os fatores dessa decomposição.

III) Se um número for múltiplo de um produto de **n** inteiros conscutivos, então certamente ele será divisível por **n**.

Exemplo: Se **n** é um número natural, então provaremos que $n^3 - n$ é múltiplo de 3.

Fatorando $n^3 - n = n . (n^2 - 1) = n . (n + 1) . (n - 1)$

$n^3 - n = (n + 1) . n . (n - 1)$

Ou seja, $n^3 - n$ é um produto de 3 inteiros consecutivos, logo $n^3 - n$ é múltiplo de 3.

IV) O resto da divisão de uma soma por um certo número é o mesmo que o da divisão da soma dos restos que se obtém das divisões das respectivas parcelas.

Consequência: Se **b** e **c** divididos por **a** deixarem restos iguais, então **b - c** será divisível por **a**.

Como exemplo, determinaremos o resto da divisão de 5689 + 3412 por 5 sem efetuar a soma. Vejamos:

Dividindo 5689 por 5, encontramos 1137 com resto 4.
Dividindo 3412 por 5, encontramos 682 com resto 2.
Somando os restos, temos 4 + 2 = 6.
Dividindo 6 por 5, encontramos 1 com resto 1.

Então, podemos concluir que o resto da divisão da soma de 5689 com 3412 por 5, é igual a 1.

Vamos conferir: 5689 + 3412 = 9101.
Dividindo 9101 por 5, encontramos 1820, com resto 1.

V) O resto da divisão de um produto por um certo número é o mesmo que o da divisão do produto dos restos que se obtém quando se divide cada fator por esse número.

Como exemplo, determinaremos o resto da divisão de 1901^{1902} por 5 sem efetuar a potenciação. Vejamos:

Dividindo 1901 por 5, encontramos 380 com resto 1.

Como uma potência nada mais é do que um produto, podemos concluir que o resto da divisão de 1901^{1902} por 5 será igual à $1^{1902} = 1$

Principais Critérios da Divisibilidade

Veremos abaixo algumas regras que nos permitem verificar se um número é divisível ou não por outro, sem efetuar a divisão. Vejamos:

Por	Critério
2	Quando o último algarismo for um número par
3 ou 9	Quando a soma dos algarismos for divisível por 3 ou 9
4	Quando os 2 últimos algarismos formarem um número divisível por 4
5	Quando o último algarismo for 0 ou 5
10	Quando o último algarismo for 0

MDC - Máximo Divisor Comum

Definição: o Máximo Divisor Comum entre dois ou mais números é o maior entre os divisores comuns a esses números. Como exemplo, encontraremos o MDC entre 12 e 16.

Calculando os divisores de 12, encontramos D(12) = {1, 2, 3, 4, 6, 12}

Calculando os divisores de 16, encontramos D(16) = {1, 2, 4, 8, 16}

Podemos verificar que os divisores comuns entre 12 e 16 são {1, 2, 4}

Logo, o MDC(12,16) = 4

Também podemos encontrar o MDC entre dois ou mais números decompondo esses números em fatores primos e, depois, compomos o MDC com os fatores primos comuns tomados com o menor expoente.

Vejamos como fica o caso anterior.

$12 = 2^2 . 3$ e $16 = 2^4$ Logo, $MDC(12,16) = 2^2 = 4$

MMC - Mínimo Múltiplo Comum

O Mínimo Múltiplo Comum entre dois ou mais números é o menor entre os múltiplos comuns positivos a esses números. Como exemplo, encontraremos o MMC entre 12 e 20.

Calculando os múltiplos de 12, encontramos M(12) = {0, 12, 24, 36, 48, 60, 72, 84, ...}

Calculando os múltiplos de 20, encontramos M(20) = {0, 20, 40, 60, 80, 100, 120, ...}

Podemos verificar que os múltiplos comuns entre 12 e 20 são {0, 60, 120, ...}

Logo, o MMC(12,20) = 60

Também podemos encontrar o MMC entre dois ou mais números decompondo esses números em fatores primos e, depois, compomos o MMC com os fatores primos comuns e não comuns tomados com o maior expoente.

Vejamos como fica o caso anterior.

$12 = 2^2 \times 3$ e $20 = 2^2 \times 5$

Logo, $MMC(12,20) = 2^2 \times 3 \times 5 = 4 \times 3 \times 5 = 60$

Propriedade: Sejam A e B o conjunto dos fatores primos das decomposições dos números inteiros positivos **a** e **b**, respectivamente. $A \cap B$ é o conjunto dos fatores primos comuns aos números a e **b**. O produto dos elementos de $A \cap B$ é igual ao MDC(a,b) que será representado por M.

$A - B$ e $B - A$ são os conjuntos dos fatores primos que pertencem apenas ao número **a** e ao número **b**, respectivamente. Os produtos dos elementos de $A - B$ e $B - A$ serão representados por **p** e **q**, respectivamente; esses números **p** e **q** são primos entre si. Desse modo, pode-se escrever que a = p x M e b = q x M

O MMC dos números **a** e **b** será representado por **m**. Logo, **m** = **p** x M x **q**

Multiplicando-se os dois membros da igualdade por M, teremos *m* x M = p x M x q x M

Como a = p x M e b = q x M, então m x M = a x b

Conclusão: O produto de dois números inteiros positivos é igual ao produto do MMC pelo MDC desses números.

Vejamos o seguinte exemplo: O produto de dois números naturais é 2400 e o MMC deles é 240. Calcularemos quais são esses números.

m x M = a x b = 2400. Como m = 240, então $M = \dfrac{2400}{240} = 10.$

Descobrimos que MDC(a,b) = 10. Logo, a = 10p e b = 10q, onde p e q são primos entre si. Assim, temos que:

a . b = 10p . 10q = 2400

$100pq = 2400 \;\; \therefore \;\; pq = \dfrac{2400}{100} = 24$

Os valores de p e q podem ser (1 e 24) ou (3 e 8). Então, os números procurados podem ser (10 e 240) ou (30 e 80).

Regra de Três Simples Direta

Exemplo: Se 300g de um determinado produto custam R$ 81,00 qual o valor de 500g deste produto?

Solucão:

Observe que, se aumentarmos a quantidade do produto, também estaremos aumentando o valor desta quantidade. Logo, podemos dizer que essas grandezas são diretamente proporcionais. Então:

Peso em gramas (g)	Preço em Reais (R$)
300	81
500	X

Ou seja, $\frac{300}{500} = \frac{81}{X} \rightarrow 300X = 500 . 81$

$$X = \frac{500 . 81}{300} = \frac{5 . 81}{3} = 5 . 27 = 135$$

Então, podemos dizer que 500g desse produto custam R$ 135,00

Regra de Três Simples Inversa

Exemplo: Uma fábrica dispõe de 6 máquinas. Quando funcionam apenas 4 destas, uma certa produção leva 30 dias para ser obtida. Em quanto tempo a fábrica terá essa mesma produção se funcionarem as 6 máquinas.

Solução: As grandezas são inversamente proporcionais, ou seja, o aumento do número de máquinas implica na redução do tempo de produção. Então:

Número de Máquinas (↑)	Tempo em dias (↓)
4	30
X	6

Ou seja, $\frac{4}{6} = \frac{X}{30}$: $6X = 4 \times 30$: $X = \frac{120}{6} = 20$

Então, podemos dizer que 6 máquinas levam 20 dias para essa produção.

Regra de Três Composta

Exemplo: Com 16 máquinas, uma fábrica produz 720 equipamentos em 6 dias de trabalho. Quantas máquinas serão necessárias para que, em 24 dias de trabalho, seja produzidos 2160 equipamentos?

Solução:

Observemos que:

– Se aumentarmos o número de máquinas, aumentaremos o número de produção dos equipamentos. Logo, essas grandezas são diretamente proporcionais.

– Se aumentarmos o número de máquinas, estaremos diminuindo o número de dias. Logo, essas grandezas são inversamente proporcionais. Então:

Máquinas (↑)	Equipamentos (↑)	Dias (↓)
16	720	6
X	2160	24

Ou seja, $\frac{16}{X} = \frac{720}{2160} \cdot \frac{24}{6}$: $720 . 24 . X = 16 . 2160 . 6$

$$X = \frac{16 . 2160 . 6}{720 . 24} = 12$$

Então, podemos dizer que são necessárias 12 máquinas para que, em 24 dias, sejam produzidos 2160 equipamentos.

Porcentagem

Porcentagem ou taxa percentual é uma razão centesimal, ou seja, uma razão com denominador 100. A porcentagem é representada pelo símbolo % (porcento).

Vejamos alguns exemplos: $\frac{13}{100} = 0{,}13$ ou 13% $\frac{2}{100} = 0{,}02$ ou 2% $\frac{100}{100} = 1$ ou 100%

Propriedade: para calcular uma porcentagem **p%** de um valor V qualquer, basta multiplicar V por essa porcentagem.

$$p\% \text{ de } V = \frac{p}{100} . V$$

<u>Acréscimos</u>

Se uma mercadoria de valor inicial V_0 for vendida com um acréscimo de p%, o seu valor de venda será dado por:

$$V = V_0 + p\% \text{ de } V_0 = V_0 . \left(1 + \frac{p}{100}\right)$$

Dizemos que p é a taxa de aumento e $(1 + \frac{p}{100})$ é o fator de aumento.

Descontos

Se uma mercadoria de valor inicial V_0 for vendida com um desconto de p%, o seu valor de venda será dado por:

$$V = V_0 - p\% \text{ de } V_0 = V_0 \cdot \left(1 - \frac{p}{100}\right)$$

Dizemos que p é a taxa de desconto e $(1 - \frac{p}{100})$ é o fator de desconto.

Lucro

Sejam V o preço de venda, e C o preço de custo de um produto qualquer. Definimos o lucro L como a diferença entre V e C, isto é, $L = V - C$. Vale ressaltar que isto acontece se $V > C$.

Prejuízo

Caso C seja maior que V, não teremos lucro, mas sim prejuízo. Nesse caso, Prejuízo = C - V.

Razões e proporções

Razão

A razão entre dois números é o quociente do primeiro pelo segundo. Desta forma, a razão entre os números **a** e **b**, é o quociente $\frac{a}{b}$, em que **a** é o antecedente e **b**, é o consequente $(b \neq 0)$.

Lê-se *"a está para b"*

Proporção

Denomina-se proporção a igualdade entre duas ou mais razões.

$\frac{a}{b} = \frac{c}{d}$, em que **a** e **d** são extremos; **b** e **c** são meios e bd ≠ 0.

Propriedades da proporção

Se bd ≠ 0, $\frac{a}{b} = \frac{c}{d} \rightarrow a \cdot d = b \cdot c$

$$\frac{a}{b} = \frac{c}{d} = \frac{a+c}{b+d}, \ b + d \neq 0$$

$$\frac{a}{b} = \frac{c}{d} = \frac{a-c}{b-d}, \ b - d \neq 0$$

Grandezas proporcionais

Duas grandezas **x** e **y** são diretamente proporcionais ou simplesmente proporcionais, se e somente se:

$$y = K \cdot x$$

Onde K é uma constante não nula, isto é, multiplicando-se uma delas por um número não nulo, a outra fica multiplicada pelo mesmo número.

Duas grandezas são inversamente proporcionais se, e somente se:

$y = \frac{K}{x}$ em que K é uma constante não nula, isto é, multiplicando-se uma delas por um número não nulo, a outra fica dividida pelo mesmo número.

Sistema Métrico Decimal

Unidades de comprimento

As unidades de comprimento são baseadas no metro, unidade principal, seus múltiplos e submúltiplos. Os múltiplos formam-se da unidade principal, precedida dos prefixos gregos *deca* (dez), *hecto* (cem), quilo (mil). Os submúltiplos formam-se da unidade principal, precedida dos prefixos gregos *deci* (décimo), *centi* (centésimo) e *mili* (milésimo).

Assim:

1 km = 1000 m = 10^3 m 1 hm = 100 m = 10^2 m 1 dam = 10 m = 10^1 m

1 dm = 0,1 m = 10^{-1} m 1 cm = 0,01 m = 10^{-2} m 1 mm = 0,001m = 10^{-3} m

OBS: Dado um número qualquer representando um certo comprimento, em uma das unidades, para transformá-lo em uma unidade imediatamente superior, basta deslocar a vírgula UMA casa para a direita. Para transformá-lo na unidade imediatamente inferior, basta deslocar a vírgula UMA casa para a esquerda.

Unidades de Área

As unidades de área são quadrados cujos lados são tomados como unidades de comprimento. A unidade principal de área é o metro quadrado, ou seja, a área de um quadrado cujo lado mede um metro de comprimento.

$1\ km^2 = 1\ km \cdot 1\ km = 1000\ m \cdot 1000\ m = 1000000\ m^2\ (= 10^6\ m^2)$.

$1\ hm^2 = 1\ hm \cdot 1\ hm = 100\ m \cdot 100\ m = 10000\ m^2\ (= 10^4\ m^2)$

$1\ dam^2 = 1\ dam \cdot 1\ dam = 10\ m \cdot 10\ m = 100\ m^2\ (= 10^2\ m^2)$

$1\ dm^2 = 1\ dm \cdot 1\ dm = 0{,}1\ m \cdot 0{,}1\ m = 0{,}01\ m^2\ (= 10^{-2}\ m^2)$

$1\ cm^2 = 1\ cm \cdot 1\ cm = 0{,}01\ m \cdot 0{,}01\ m = 0{,}0001\ m^2\ (= 10^{-4}\ m^2)$

$1\ mm^2 = 1\ mm \cdot 1\ mm = 0{,}001\ m \cdot 0{,}001\ m = 0{,}000001\ m^2\ (=10^{-6}\ m^2)$

OBS: Dado um número qualquer representando um certo comprimento, em uma das unidades, para transformá-lo em uma unidade imediatamente superior, basta deslocar a vírgula UMA casa para a direita. Para transformá-lo na unidade imediatamente inferior, basta deslocar a vírgula UMA casa para a esquerda.

Unidades de Volume

As unidades de área são cubos cujas arestas são tomadas como unidades de comprimento. A unidade principal do Volume é o metro cúbico, ou seja, o volume de um cubo cujo lado mede um metro de comprimento.

$1\ km^3 = 1\ km \cdot 1\ km \cdot 1\ km = 1000\ m \cdot 1000\ m \cdot 1000\ m = 1000000000\ m^3\ (= 10^9\ m^3)$.

$1\ hm^3 = 1\ hm \cdot 1\ hm \cdot 1\ hm = 100\ m \cdot 100\ m \cdot 100\ m = 1000000\ m^3\ (= 10^6\ m^3)$

$1\ dam^3 = 1\ dam\ .\ 1\ dam\ .\ 1\ dam = 10\ m\ .\ 10\ m)\ .\ 10\ m = 1000\ m^3$ $(= 10^3\ m^3)$

$1\ dm^3 = 1\ dm\ .\ 1\ dm\ .\ 1\ dm = 0{,}1\ m\ .\ 0{,}1\ m\ .\ 0{,}1\ m = 0{,}001\ m^3$ $(=10^{-3}\ m^3)$

$1\ cm^3 = 1\ cm\ .\ 1\ cm\ .\ 1\ cm = 0{,}01\ m\ .\ 0{,}01\ m\ .\ 0{,}01\ m = 0{,}000001\ m^3$ $(= 10^{-6}\ m^3)$

$1\ mm^3 = 1\ mm\ .\ 1\ mm\ .\ 1mm = 0{,}001\ m\ .\ 0{,}001\ m\ .\ 0{,}001\ m = 0{,}000000001\ m^3$ $(= 10^{-9} m^3)$

OBS: A outra unidade de volume também usada é o Litro (l), onde 1 l = 1 dm^3 ou 1 l = 1.000 m^3. Os múltiplos formam-se da unidade principal, precedida dos prefixos gregos deca (dez), hecto (cem), quilo (mil). Os submúltiplos formam-se da unidade principal, precedida dos prefixos gregos deci (décimo), centi (centésimo) e mili (milésimo).

Assim: 1 kl = 1000 l = 10^3 l 1 hl = 100 l = 10^2 l 1 dal = 10 l = 10^1 l

1 dl = 0,1 l = 10^{-1} l 1 cl = 0,01 l = 10^{-2} l 1 ml = 0,001l = 10^{-3} l

Unidades de Massa

A Massa de um corpo é definida como sendo a quantidade de matéria de que é feito. A massa de um corpo qualquer é invariável ao longo da superfície terrestre. A unidade principal, o grama, é definido como sendo a quantidade de água destilada ocupando o volume de 1 cm^3 e à temperatura de quatro graus centígrados sob pressão atmosférica normal. Os múltiplos e submúltiplos são:

1 kg = 1000 g = 10^3g 1 hg = 100g =10^2g 1 dag = 10 g = 10^1 g

1 dg = 0,1 g = 10^{-1}g 1 cg = 0,01g = 10^{-2}g 1 mg = 0,001g = 10^{-3}g

Unidades Agrárias

São unidades de medidas de áreas utilizadas para avaliar superfícies de terras cultivadas, campos, terrenos, etc...

A unidade principal é o "*are*". O múltiplo do are é o hectare (100 vezes o are) e o submúltiplo, o centiare (0,01 vezes o are).

are: 1 a = 100 m^2 hectare: 1 ha = 100 a = 10000 m^2 centiare: 1 ca = 0,01 a = 1 m^2

OBS: Os lavradores brasileiros medem suas terras em unidade diferente: o alqueire.

1 alqueire = 24200 m^2 1 alqueire = 2,42 hectares

PROGRESSÕES

Progressão aritmética (PA)

Uma sequência (a_1, a_2, a_3, ... , a_n) é uma progressão aritmética, conhecida como PA, se, e somente se, cada termo, a partir do segundo, for igual a soma do termo anterior com uma constante **r**, que denominamos **razão** da PA.

Exemplo: (5 , 8 , 11 , ...). Nesse caso, $a_1 = 5$; $a_2 = 8 = 5 + 3 = a_1 + 3$; $a_3 = 11 = 8 + 3 = a_2 + 3$

Ou seja, estamos diante de uma PA de razão igual a 3 (r = 3).

Então, podemos concluir que, para calcularmos a razão de uma PA, basta fazermos a seguinte operação:

$r = a_n - a_{n-1} \quad \forall\, n \geq N,\ e\ n \geq 2$

ou simplesmente r = termo qualquer - termo anterior

A fórmula do enésimo termo de uma PA é $a_n = a_1 + (n - 1) . r$

Propriedades

1) Ponto médio → dados 3 pontos consecutivos de uma PA, o termo do meio é a média aritmética dos outros dois.

Ou seja, na PA (...., a , b , c , ...) temos $b = \frac{a+c}{2}$

2) Soma dos termos equidistantes dos extremos → em toda PA finita a soma de dois termos equidistantes dos extremos é igual à soma dos extremos.

Ou seja, na PA (1, 3, 5, 7, 9, 11, 13) temos 1 + 13 = 3 + 11 = 5 + 9

Numa PA com número ímpar de termos, o termo médio é a média aritmética dos extremos e, portanto, é também média aritmética de qualquer par de termos equidistantes dos extremos.

Ou seja, na PA da propriedade 2 acima (1, 3, 5, 7, 9, 11, 13) o termo médio é o $a_4 = 7$.

$$a_4 = \frac{a_1+a_7}{2} = \frac{1+13}{2}, \qquad a_4 = \frac{a_3+a_5}{2} = \frac{3+11}{2},$$

$$a_4 = \frac{a_2+a_6}{2} = \frac{5+9}{2}$$

<u>Interpolação aritmética</u>

Interpolar ou inserir **k** meios aritméticos entre os números **a** e **b** significa construir uma PA, com (k + 2) termos, em que **a** é o primeiro termo e **b** é o último termo.

$$\frac{(a, \ldots\ldots\ldots\ldots, b)}{\text{kmeios}}$$ é uma PA com (k + 2) termos.

$a_1 = a$, $a_n = b$, $n = k + 2$

Geralmente, resolvemos este tipo de problema calculando a razão pela da fórmula do termo geral.

Soma dos termos de uma PA

A soma dos **n** primeiros termos de uma PA é dada pela seguinte fórmula:

$$S_n = \frac{(a_1 + a_n).n}{2}$$

Exemplo: Dada a PA (-6, -3, 0, 3, 6, 9, 12, 15, 18, 21) com 10 termos e razão r = 3, vamos calcular a soma dos termos.

$$S_n = \frac{(a_1 + a_n).n}{2} = \frac{(-6+21)}{2} . 10 = 15 . 5 = 75$$

Progressão geométrica (PG)

Uma sequência (a_1, a_2, a_3, ... , a_n) é uma progressão geométrica, conhecida como PG, se, e somente se, cada termo, a partir do segundo, for igual ao produto do termo anterior por uma constante **q**, que denominamos **razão** da PG.

Exemplo: (3, 6, 12, 24, ...) . Nesse caso, $a_1 = 3$; $a_2 = 6 = 3 . 2 = a_1 . 2$; $a_3 = 12 = 6 . 2 = a_2 . 2$

Ou seja, estamos diante de uma PG de razão igual a 2 (q = 2).

Ou seja, podemos concluir que, para calcularmos a razão de uma PG, basta fazermos a seguinte operação:

$$q = \frac{a_n}{a_n - 1} \forall n \in N, \text{ e } n \geq 2$$

Ou simplesmente $q = \frac{\textit{termo qualquer}}{\textit{termo anterior}}$

A fórmula do enésimo termo de uma PG é $a_n = a_1 \cdot q^{(n-1)}$.

Propriedades

1) Termo médio → dados 3 termos consecutivos de uma PG, o termo do meio é a média geométrica dos outros dois.

Ou seja, na PG (...., a , b , c , ...) temos $b^2 = a \cdot c$

2) Produto dos termos equidistantes dos extremos → em toda PG finita o produto de dois termos equidistantes dos extremos é igual ao produto dos extremos.

Ou seja, na PG (1, 2, 4, 8, 16, 32, 64) temos 1 . 64 = 2 . 32 = 4 . 16

3) Numa PG com número ímpar de termos, o termo médio é a média geométrica dos extremos e, portanto, é também média geométrica de qualquer par de termos equidistantes dos extremos.

Ou seja, na PG da propriedade 2 acima (1, 2, 4, 8, 16, 32, 64) o termo médio é o $a_4 = 8$.

$(a_4)^2 = 8^2 = 64 = a_1 \cdot a_7 = 1 \cdot 64$, $(a_4)^2 = 8^2 = 64 = a_2 \cdot a_6 = 2 \cdot 32$, $(a_4)^2 = 8^2 = 64 = a_3 \cdot a_5 = 4 \cdot 16$

Interpolação geométrica

Interpolar ou inserir **k** meios geométricos entre os números **a** e **b** significa construir uma PG, com (k + 2) termos, em que **a** é o primeiro termo e **b** é o último.

$$\frac{\text{termo qualquer}}{\text{termo anterior}} \text{ é uma PG com } (k + 2) \text{ termos:}$$

$a_1 = a$, $a_n = b$, $n = k + 2$

Assim como na PA, geralmente resolvemos este tipo de problema calculando-se a razão pela fórmula do termo geral.

Produto dos termos de uma PG

Sendo a PG (a_1 , a_1 , a_1 , ... , a_n, ...) o produto P_n de seus **n** primeiros termos é dado por:

$$P_n = \sqrt{(a_1.a_n)^n}$$

$$P_n = \pm \sqrt{(a_1.a_n)^n}$$

Vejamos como fica o sinal de P_n:

$P_n = + \sqrt{(a_1.a_n)^n}$ se todos os termos da PG forem positivos ou se o número de termos negativos for par.

$P_n = - \sqrt{(a_1.a_n)^n}$ se o número de termos negativos for ímpar.

Soma dos termos de uma PG finita

Sendo a PG (a_1 , a_1 , a_1 , ... , a_n, ...) a Soma dos n primeiros termos dessa PG é dada por:

$$S_n = \frac{a_1 . (q^n - 1)}{q - 1} \quad \text{com } q \neq 1$$

Quando q = 1, teremos $S_n = n. a_1$

Exemplo: calculemos a soma dos 10 primeiros termos da PG (3, 6, 12, ...)

Sabemos que $S_n = \dfrac{a_1 . (q^n - 1)}{q - 1}$

Temos que a_1 = 3 e n = 10. Precisamos encontrar o valor de **q**.

$$\text{Mas } q = \frac{\text{termo qualquer}}{\text{termo anterior}} = \frac{6}{3} = 2$$

$$\text{Então } S_n = \frac{3. (2^{10} - 1)}{2 - 1} = 3096$$

Soma dos termos de uma PG infinita

Consideremos a PG infinita (a_1 , a_1 , a_1 , ... , a_n, ...) com $-1 < q < 1$. Nessas condições, a soma converge para um valor que indicaremos por S_∞ e que será calculado pela seguinte fórmula:

$$S_\infty = \frac{a_1}{1 - q} .$$

Exemplo: Calculemos a soma termos da PG $(1\frac{1}{2},\frac{1}{4},\frac{1}{8},....)$

Sabemos que $S_\infty = \frac{a_1}{1\text{-}q}$. Temos que $a_1 = 1$ e $n \rightarrow \infty$. Precisamos encontrar o valor de q.

Mas $q = \frac{\text{termo qualquer}}{\text{termo anterior}} = \frac{1/2}{2}$- 1/2.

Então, $S_\infty = \frac{1}{1-\frac{1}{2}} = \frac{1}{\frac{1}{2}} = 2.$

Juros

Juro é a remuneração, a qualquer título, atribuída a um determinado capital. Estudaremos juros simples e compostos.

Juros simples

É aquele calculado unicamente sobre o capital inicial, qualquer que seja o número de períodos de capitalização. De um modo geral, podemos calcular os juros simples pela fórmula: $j = C_0 . i . t$ onde C_0 é o Capital Inicial, **i** é a taxa de juros e **t** é o tempo de capitalização.

Para aplicarmos essa fórmula devemos nos preocupar em ter ***i*** e ***t*** na mesma unidade de tempo.

O capital acumulado a juros simples no tempo **t** é:

$C = C_0 + j = C_0 + C_0 . i . t = C_0 . (1 + it).$

Juros compostos

É aquele que em cada período financeiro, a partir do segundo, é calculado sobre o montante relativo ao período anterior, ou seja:

Ao final do 1º período, os juros incidentes sobre o capital inicial são a ele incorporados, produzindo o 1º montante.

Ao final do 2º período, os juros incidem sobre o 1º montante e incorporam-se a ele, produzindo o 2º montante.

Ao final do 3º período, os juros calculado sobre o 2º montante, incorporam-se a ele, produzindo o 3º montante, e assim por diante.

De um modo geral, um capital C, a juros compostos, aplicado a uma taxa **i**, durante **n** períodos, produz:

$M_1 = C + Ci = C (1 + i)$

$M_2 = M_1 + M_1 . i = M_1 (1 + i) = C (1 + i)^2.$

$M_3 = M_2 + M_2 . i = M_2 (1 + i) = C (1 + i)^3.$

$M_n = C (1 + i)^n.$

Análise combinatória

Princípio mutliplicativo

Se um evento é dividido em duas etapas, em que, para realizar a 1ª etapa existem **m** possibilidades e para cada uma delas a 2ª etapa pode ocorrer de **n** modos distintos, então esse evento pode ocorrer de **m . n** maneiras distintas.

Fatorial

Dado um número natural n ≥ 2, chamamos de fatorial de **n**, ao número indicado por **n!**, tal que:

n! = n . (n - 1) . (n - 2) . .... . 3 . 2 . 1

Exemplos: 0! = 0 , 1! = 1 , 5! = 5 . 4 . 3 . 2 . 1 = 120

Arranjos simples

Dado um conjunto de **n** elementos, e sendo **p** um número inteiro e positivo tal que p n, chamamos de arranjos simples dos **n** elementos dados, agrupados **p a p**, a qualquer sequência de **p** elementos distintos formada com elementos do conjunto. O número de arranjos simples é dado por:

$$A_n^p = \frac{n!}{(n-p)!}.$$

Exemplo: $A_6^2 = \frac{6!}{4!} = \frac{6.5.4!}{4!} = 6 . 5 = 30$

Permutações simples

Dado um conjunto qualquer com **n** elementos, chamamos de permutações simples dos **n** elementos dados, a qualquer arranjo simples dos **n** elementos dados, agrupados **n a n**, ou seja $P_n = A_n^n = n!$.

Permutações com repetições

Se na permutação de **n** elementos, existirem elementos que apareçam $\mathbf{n_1}$ vezes, $\mathbf{n_2}$ vezes, então o total de permutações será:

$$P_n^{n1,\,n2} = \frac{n!}{n_1!\,.\,n_2!}.$$

Exemplo: $P_4^3 = \dfrac{4!}{3!} = 4$

Combinações simples

Dado um conjunto qualquer de **n** elementos, e sendo **p** um número inteiro e positivo tal que **p ≤ n**, chamamos de combinações simples dos **n** elementos dados, agrupados **p a p**, a qualquer subconjunto de **p** elementos distintos, formados com elementos do conjunto. O número de combinações simples é dado por:

$$C_n^p = \frac{n!}{p!\,.\,(n-p)!} \quad \text{ou} \quad C_n^p = \frac{A_n^p}{p!}$$

Exemplo: $C_6^2 = \dfrac{6!}{2!\,.\,4!} = \dfrac{6.5.4!}{2!\,.\,4!} = \dfrac{30}{2} = 15$

Números binomiais

Denomina-se número binomial a todo número da forma:

$$\binom{n}{q}$$

Com $n \in N$, $p \in N$, $n \geq p$, onde

$$\binom{n}{q} = C_n^p = \frac{n!}{p!\,.\,(n-p)!}$$

PROBABILIDADE

Antes de iniciar, vejamos alguns conceitos básicos:

<u>Experimento aleatório</u>

Chama-se aleatório todo experimento cujo resultado é imprevisível, mesmo que esse experimento, em condições semelhantes, possa ser repetido um número qualquer de vezes.

<u>Espaço amostral</u>

O conjunto de todos os resultados possíveis de um experimento aleatório é denominado **espaço amostral** desse experimento.

<u>Evento de um experimento aleatório</u>

Evento de um experimento aleatório é qualquer subconjunto do espaço amostral desse experimento.

Agora, vamos ao conceito de probabilidade. Comecemos pelo conceito de probabilidade de um evento elementar.

Consideremos um experimento aleatório cujo espaço amostral é $S = \{e_1, e_2, e_3, \ldots, e_n\}$. A probabilidade da ocorrência de cada evento elementar $\{e_k\}$, $1 \leq k \leq n$, desse experimento é um número real p_k, que satisfaz estas duas condições:

1) $p_k > 0 \ \forall k \in \{1, 2, 3, \ldots, n\}$ isto é $p_1 > 0$, $p_2 > 0$, $p_3 > 0$, $\ldots, p_n > 0$

2) $\sum_{k=1}^{n} p_k = 1$, isto é, $p_1 + p_2 + p_3 + ... + p_n = 1$

Espaço amostral equiprovável

O espaço amostral de um experimento aleatório é chamado equiprovável, se todos os seus eventos elementares têm a mesma probabilidade de ocorrência. Daí decorre a seguinte propriedade:

Se um experimento aleatório, de espaço amostral equiprovável, pode ter **n** resultados diferentes, então a propriedade de ocorrência de qualquer um de seus eventos elementares é igual a $\frac{1}{n}$. De fato, seja $S = \{e_1, e_2, e_3, ..., e_n\}$ o espaço amostral de um experimento aleatório. Se S é equiprovável, então todos os eventos elementares $\{e_1\}$, $\{e_2\}$, $\{e_3\}$, ..., $\{e_n\}$ têm a mesma probabilidade de ocorrência, isto é:

$p_1 = p_2 = p_3 = ... = p_n = p$

Assim, $p_1 + p_2 + p_3 + ... + p_n = 1$

$p + p + p + ... + p = 1$

Então, $np = 1$, isto é, $p = \frac{1}{n}$

Agora, vamos generalizar a definição de probabilidade para eventos não elementares. Vejamos:

Probabilidade de um evento qualquer

Seja um evento A qualquer não elementar, de um experimento aleatório. A probabilidade de ocorrência do evento A, denotada por P(A), é assim definida:

Se $A = \varnothing$, então $P(A) = 0$

Se $A \neq \varnothing$, então P(A) é a soma das probabilidades de ocorrências dos elementos de A.

Suponha que um exeprimento aleatório, de espaço amostral equiprovável, tenha **n** resultados possíveis.

$S = \{e_1, e_2, e_3, \dots, e_n\}$. Se A é um evento de S com **m** elementos, $A = \{e_1, e_2, e_3, \dots, e_m\}$, temos:

$$P(A) = p_1 + p_2 + p_3 + \dots + p_m$$

$$P(A) = \frac{1}{n} + \frac{1}{n} + \frac{1}{n} + \dots + \frac{1}{n} = \frac{m}{n}$$

Esse resultado pode ser escrito da seguinte forma: $P(A) = \dfrac{n(A)}{n(S)}$

Por fim, como A é um subconjunto de S, é claro que $0 \leq n(A) \leq n(S)$.

Dividindo os três membros dessa desigualdade por n(S), teremos:

$$\frac{0}{n(S)} \leq \frac{n(A)}{n(S)} \leq \frac{n(S)}{n(S)}$$

Ou seja, $0 \leq P(A) \leq 1$.

Dizemos que cada elemento de um evento A é um caso favorável à ocorrência de A. E já que S é o conjunto de todos os resultados possíveis para o experimento, a probabilidade de ocorrer A pode também ser expressa assim:

$$P(A) = \frac{\text{número de resultados favoráveis a A}}{\text{número de resultados possíveis}}$$

Probabilidade da união de eventos

Se A e B são dois eventos quaisquer de um experimento aleatório de espaço amostral S, então:

$$n(A \cup B) = n(A) + n(B) - n(A \cap B)$$

Dividindo ambos os membros dessa igualdade por n(S), teremos:

$$\frac{n(A \cup B)}{n(S)} = \frac{n(A)}{n(S)} + \frac{n(B)}{n(S)} - \frac{n(A \cap B)}{n(S)}$$

Ou seja, $P(A \cup B) = P(A) + P(B) - P(A \cap B)$

Eventos mutuamente exclusivos

Pode ocorrer que dois eventos A e B de um experimento aleatório não tenham elementos comuns.

Ou seja, $A \cap B = \varnothing \Rightarrow P(A \cap B) = 0$

Logo, $P(A \cup B) = P(A) + P(B)$

Probabilidade de não ocorrer um evento

Representaremos por $\bar{A}$ (A traço) a negação do evento A. $\bar{A}$ é denominado evento complementar de A em relação a S.

De modo mais simples, dizemos que A e $\bar{A}$ são eventos complementares. Como A e $\bar{A}$ são mutuamente exclusivos,

Então $A \cup \bar{A} = S$. Então $P(A \cup A) = P(S)$.

Daí, $P(A) + P(\bar{A}) = 1$. Ou, $P(\bar{A}) = 1 - P(A)$

Probabilidade condicional

Denomina-se probabilidade condicional a probabilidade de ocorrer B, dado que ocorreu A. Ou ainda, a probabilidade de B dado A, e representaremos pelo símbolo P(B/A).

Vamos analisar a probabilidade condicional no caso geral. Sejam A e B dois eventos de um experimento aleatório de espaço amostral A. Queremos calcular a probabilidade de ocorrer B, dado que ocorreu A.

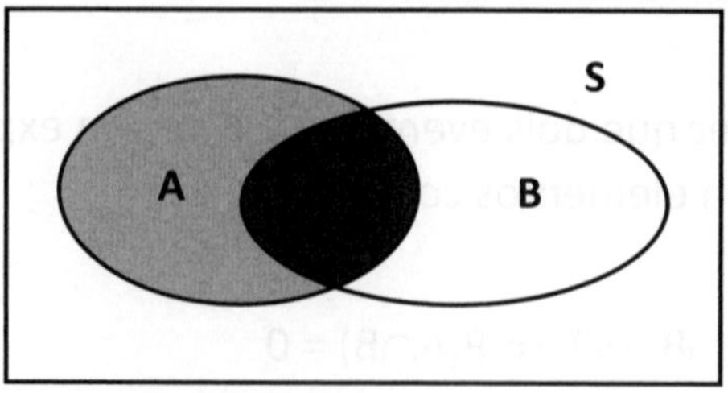

Observe que os casos favoráveis à ocorrência de B são apenas aqueles que se encontram na interseção de A e B. Isto é, o número de casos favoráveis à ocorrência de B, dado que ocorreu A, é $n(A \cap B)$. Por outro lado, se já se sabe que ocorreu o evento A, o número de resultados possíveis para o experimento fica reduzido a $n(A)$. Então:

$$P(B/A) = \frac{\text{número de casos favoráveis}}{\text{número de resultados possíveis}} = \frac{n(A \cap B)}{n(A)}$$

Por fim, dividindo o numerador e o denominador do segundo membro desta igualdade por $n(S)$, teremos:

$$P(B/A) = \frac{\frac{n(A \cap B)}{n(S)}}{\frac{n(A)}{n(S)}} = \frac{n(A \cap B)}{n(A)}$$

Também podemos escrever que $P(A \cap B) = P(A) \,.\, P(B/A)$

Se A e B forem eventos independentes, então:

$P(A \cap B) = P(A) \,.\, P(B)$

Distribuição binomial

Se um determinado experimento aleatório é realizado **n** vezes consecutivas em idênticas condições, então a probabilidade de que um certo evento A desse experimento ocorra exatamente **x** vezes é:

$$\binom{n}{x} p^{x} (q)^{n-x}$$

Onde **p** é a probabilidade de sucesso e **q** é a probabilidade de falha (q = 1 - p).

$$\binom{n}{x} p^{x} (q)^{n-x} = \frac{n!}{(n-x)!x!} p^{x} (1-p)^{n-x}$$

Triângulo de Pascal

É formado por coeficientes binomiais (número binomiais) e a sua organização tem a seguinte forma:

- Todos os coeficientes de mesmo numerador são colocados na mesma linha;
- Todos os coeficientes de mesmo denominador são colocados na mesma coluna.

Vejamos como fica a construção do triângulo de Pascal:

$C_0^{\,0} \quad = \quad 1 = 2^0.$

$C_1^{\,0} + C_1^{\,1} \quad = \quad 1 + 1 = 2 = 2^1.$

$C_2^{\,0} + C_2^{\,1} + C_2^{\,2} \quad = \quad 1 + 2 + 1 = 4 = 2^2.$

$C_3^{\,0} + C_3^{\,1} + C_3^{\,2} + C_3^{\,2} \quad = \quad 1 + 3 + 3 + 1 = 8 = 2^3.$

...

Importante: $C_n^0 + C_n^1 + C_n^2 + ... + C_n^n = 2^n$.

Binômio de Newton

Denomina-se binômio de Newton a todo binômio da forma $(x + a)^n$, com $n \in N$. A fórmula é a seguinte:

$$(x + a)^n = \sum_{p=0}^{n} C_{n,p} \,.\, a^p \,.\, x^{n-p} \text{ ou}$$

$$(x + a)^n = C_{n,0} \,.\, a^0 \,.\, x^n + C_{n,1} \,.\, a^1 \,.\, x^{n-1} + ... + C_{n,n} \,.\, a^n \,.\, x^0 +$$

Propriedades:

1) O total de termos no desenvolvimento do binômio $(x + a)^n$ é igual a $n + 1$.
2) Os coeficientes binomiais equidistantes dos extremos são iguais.

Soma dos coeficientes

Para obtermos a soma dos coeficientes do desenvolvimento do binômio $(x + a)^n$, basta atribuirmos às variáveis **x** e **a**, o valor **1**. Vejamos um exemplo:

$$(2x + y)^5 = (2.1 + 1)^5 = (3)^5 = 243$$

Termo geral

É possível, a partir da relação do termo geral do desenvolvimento do binômio $(x + a)^n$, obter-se um dos seus $n + 1$ termos. Para isso, usamos a fórmula:

$$T_{p+1} = C_{n,p} \,.\, a^p \,.\, x^{n-p}$$

GEOMETRIA PLANA

Triângulos

Definição: triângulo é um polígono de três lados.

Condição de existência: dados três números reais, **a**, **b** e **c**, a condição de existência para que exista um triângulo cujos lados medem **a**, **b** e **c** é que cada um destes números seja menor que a soma dos outros dois.

Teorema de Thales: em qualquer triângulo, a soma dos ângulos internos vale 180^0.

Consequência: em todo triângulo, cada ângulo externo é igual a soma dos ângulos internos não adjacentes a ele.

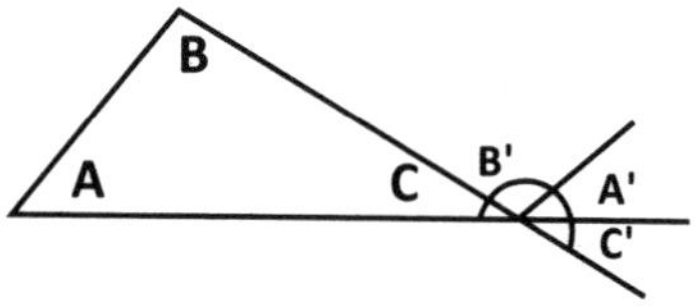

Os ângulos A e A´ são iguais (duas paralelas cortadas por uma transversal). Os ângulos B e B´ são iguais por serem ângulos alternos internos. Os ângulos C e C´ são iguais por serem opostos pelo vértice.

Classificação dos triângulos quanto aos lados

Triângulo equilátero: tem todos os seus lados congruentes (iguais).

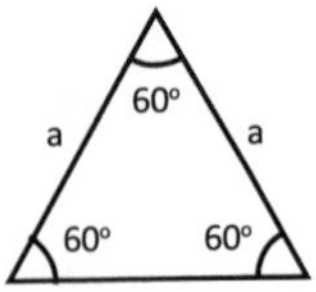

Triângulo isósceles: possui dois lados e dois ângulos congruentes.

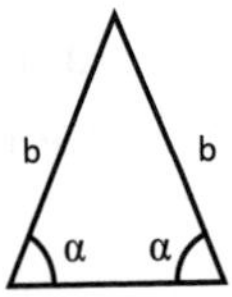

Triângulo escaleno: as medidas dos seus três lados são diferentes.

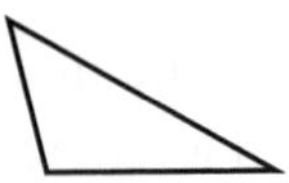

Classificação dos triângulos quanto aos ângulos

Triângulo Retângulo: possui um ângulo reto.

O lado oposto ao ângulo reto é chamado de hipotenusa. Os outros dois lados são chamados de catetos.

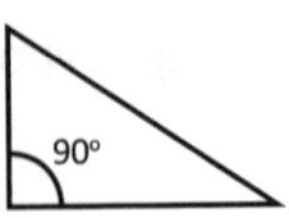

Triângulo obtusângulo: possui um ângulo obtuso (> 90^0) e dois ângulos agudos (< 90^0)

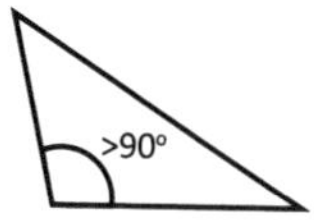

Triângulo acutângulo: possui os três ângulos agudos (< 90^0)

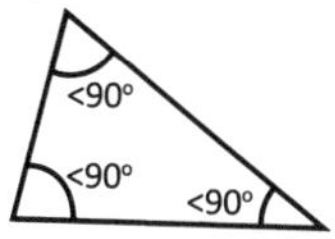

<u>Teorema de Pitágoras</u>: em qualquer triângulo retângulo, o quadrado do comprimento da hipotenusa é igual a soma dos quadrados dos comprimentos dos catetos.

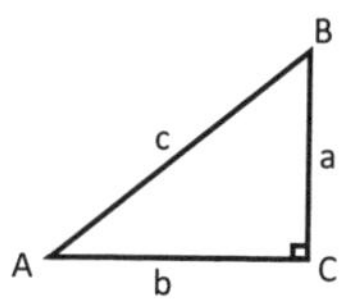

$$a^2 = b^2 + c^2$$

<u>Lei dos cossenos</u>: em um triângulo ABC qualquer, de lados opostos aos ângulos internos A, B, C, com medidas respectivamente a, b e c, valem as relações:

$$a^2 = b^2 + c^2 - 2bc.\cos A$$
$$b^2 = a^2 + c^2 - 2ac.\cos B$$
$$c^2 = a^2 + b^2 - 2ab.\cos C$$

OBS: o teorema de Pitágoras pode ser generalizado pela lei dos cossenos

<u>Área de um triângulo</u>: é a metade do produto da sua base pela sua altura. Sendo **b** a base do triângulo e **h** a sua altura, teremos $A = \frac{b.h}{2}$

QUESTÕES DE CONCURSOS PÚBLICOS COMENTADAS

QUESTÕES DE RACIOCÍNIO LÓGICO E MATEMÁTICA

(MINISTÉRIO DAS CIDADES – AGENTE ADMINISTRATIVO – CETRO – 2013)

1. Em um edifício comercial de 5 andares trabalham Evandro, Elvis, Elias, Evaristo e Élcio. Sabe-se que Élcio não trabalha no 3º andar, Evandro trabalha abaixo de todos, Elias trabalha abaixo de Evaristo e este abaixo de Élcio. Elvis não trabalha no último andar. Logo, trabalham no 2º e 3º andares, respectivamente:

(A) Elvis e Evaristo.

(B) Elvis e Elias.

(C) Evaristo e Elvis.

(D) Elias e Evaristo.

(E) Elias e Elvis.

GABARITO: B.

JUSTIFICATIVA

Extraindo do enunciado as informações importantes para a resolução:

A.1) Élcio não trabalha no 3º andar;

A.2) Evandro trabalha abaixo de todos;

A.3) Elias trabalha abaixo de Evaristo;

A.4) Evaristo trabalha abaixo de Élcio;

A.5) Elvis não trabalha no último andar.

Usaremos a tabela auxiliar abaixo:

	Evandro	Evaristo	Elvis	Elias	Élcio
5º andar					
4º andar					
3º andar					
2º andar					
1º andar					

De A.1 e A.5

	Evandro	Evaristo	Elvis	Elias	Élcio
5º andar			N (A.2)		
4º andar					
3º andar					N (A.1)
2º andar					
1º andar	S (A.2)	N (A.2)	N (A.2)	N (A.2)	N (A.2)

De (A.3) e (A.4) podemos concluir que:

– Élcio pode trabalhar nas posições 5, 4.

Caso Élcio trabalhe na posição 4, teremos Evaristo na posição 3, Elias na posição 2, e, consequentemente, Elvis na posição 1. Mas, por A.2, Elvis não pode trabalhar na posição 5.

Caso Élcio trabalhe na posição 5, teremos Evaristo na posição 4, Elias na posição 3, e, consequentemente, Elvis na posição 2.

Ou seja,

	Evandro	Evaristo	Elvis	Elias	Élcio
5 andar			N (A.2)		**S**
4 andar		**S**			
3 andar				**S**	N (A.1)
2 andar			**S**		
1 andar	**S** (A.2)	N (A.2)	N (A.2)	N (A.2)	N (A.2)

Logo, nas posições 2 e 3 teremos Elvis e Elias

2. No esquema abaixo, observe que há uma relação entre as duas primeiras palavras.

DEFERÊNCIA – ATENÇÃO :: ANUIR – ?

A mesma relação deve existir entre a terceira palavra e a quarta, que está faltando. Assinale a alternativa que apresenta a quarta palavra.

(A) PROIBIR
(B) OMITIR
(C) DESPEDIR
(D) CONSENTIR
(E) BALBUCIAR

GABARITO: D

JUSTIFICATIVA

As palavras "Deferência" e "Atenção" são sinônimas.

Procurando nas opções de resposta um sinônimo para "Anuir", encontramos a palavra "Consentir".

3. A palavra LUGAR está para 12217118 assim como a palavra COZINHA está para:

(A) 3142691381.
(B) 3152695281.
(C) 3152691481.
(D) 3142694381.
(E) 3152692481.

GABARITO: C

JUSTIFICATIVA

Vejamos as posições das letras no alfabeto:

L = 12 , U = 21 , G = 7 , A = 1 , R = 18

Vejamos como fica a palavra COZINHA

C = 3 , O = 15 , Z = 26 , I = 9 , N = 14 , H = 8 , A = 1

Ou seja, temos o número 3 15 26 9 14 8 1

4. Ana tem um par de sandálias, um par de botas e um par de tênis. Um dos pares é azul, o outro é marrom e o outro é verde, não necessariamente nessa ordem. Apenas uma das declarações abaixo é verdadeira.

1. O par de sandálias é azul.
2. O par de botas não é azul.
3. O par de tênis não é verde.

Nessas condições, é correto afirmar que o par de sandálias, o par de botas e o par de tênis são, respectivamente:

(A) azul, verde e marrom.
(B) azul, marrom e verde.
(C) verde, marrom e azul.
(D) verde, azul e marrom.
(E) marrom, verde e azul.

GABARITO: A

JUSTIFICATIVA

Extraindo do enunciado as informações importantes para a resolução:

A.1). O par de sandálias é azul;

A.2). O par de botas não é azul;

A.3). O par de tênis não é verde.

Usaremos a tabela auxiliar abaixo:

	Azul	Verde	Marrom
Sandálias			
Botas			
Tênis			

De A.1 , A.2 e A.3

	Azul	Verde	Marrom
Sandálias	S (A.1)		
Botas	N (A.1)		
Tênis	N (A.1)	N (A.3)	

Por eliminação, o par de tênis terá cor marrom e, consequentemente, o par de botas terá cor verde.

Resumindo:

Sandálias ---> cor azul

Botas ---> cor verde

Tênis ---> cor marrom

5. Silvana, Luciana e Daniela são irmãs. Sabe-se que uma delas é aeromoça, a outra é bancária e a outra é engenheira. Sabem-se ainda as seguintes informações:

I. Luciana ou Daniela trabalha como aeromoça, mas não as duas.

II. Silvana ou Luciana trabalha como bancária, mas não as duas.

III. Silvana trabalha como aeromoça ou Luciana trabalha como engenheira, mas não ocorrem as duas opções simultaneamente.

Silvana, Luciana e Daniela trabalham, respectivamente, como:

(A) aeromoça, bancária e engenheira.

(B) bancária, aeromoça e engenheira.

(C) engenheira, bancária e aeromoça.

(D) engenheira, aeromoça e bancária.

(E) bancária, engenheira e aeromoça.

GABARITO: C

JUSTIFICATIVA

Extraindo do enunciado as informações importantes para a resolução:

A.1). Luciana ou Daniela trabalha como aeromoça, mas não as duas;

A.2). Silvana ou Luciana trabalha como bancária, mas não as duas;

A.3) Silvana trabalha como aeromoça ou Luciana trabalha como engenheira, mas não ocorrem as duas opções simultaneamente.

Usaremos a tabela auxiliar abaixo:

	Aeromoça	Bancária	Engenheira
Silvana			
Luciana			
Daniela			

De (A.1) podemos concluir que a aeromoça pode ser Luciana ou Daniela, mas não pode ser Silvana.

De (A.2) podemos concluir que a bancária pode ser Silvana ou Luciana, mas não pode ser Daniela.

A 1ª parte da disjunção de (A.3) fala que Silvana trabalha como aeromoça. Mas, por (A.1) concluímos que Silvana não pode ser aeromoça. Logo, a 2ª parte da disjunção deve ser verdadeira, ou seja, Luciana é Engenheira.

	Aeromoça	Bancária	Engenheira
Silvana	N (A.1)		N (A.3)
Luciana	N (A.3)	N (A.3)	**S** (A.3)
Daniela		N (A.2)	N (A.3)

Analisando a coluna de bancária, podemos verificar que a única opção que temos é Silvana. Logo, podemos concluir que Silvana é bancária.

Analisando a coluna de aeromoça, podemos verificar que a única opção que temos é Daniela. Logo, podemos concluir que Daniela é aeromoça.

Resumindo:

Silvana é engenheira.

Luciana é bancária.

Daniela é aeromoça.

6. Cada uma das colegas – Rose, Marta e Patrícia – tem um único irmão: Jonas, Daniel e Vítor, não necessariamente nessa ordem. Questionadas sobre os nomes de seus irmãos, as três fizeram as seguintes afirmações:

1. Patrícia: "Marta é irmã de Jonas".
2. Rose: "Patrícia não está falando a verdade, pois o irmão de Marta é Vítor".
3. Marta: "Patrícia e Rose mentiram, pois meu irmão é o Daniel".

Sabe-se que a irmã de Vítor mentiu e que a irmã de Jonas falou a verdade. Portanto os irmãos de Rose, Marta e Patrícia são, respectivamente:

(A) Jonas, Vítor e Daniel.

(B) Jonas, Daniel e Vítor.

(C) Daniel, Vítor e Jonas.

(D) Vítor, Jonas e Daniel.

(E) Vítor, Daniel e Jonas.

GABARITO: A

JUSTIFICATIVA

Extraindo do enunciado as informações importantes para a resolução:

A.1). Patrícia: "Marta é irmã de Jonas";

A.2). Rose: "Patrícia não está falando a verdade, pois o irmão de Marta é Vítor";

A.3. Marta: "Patrícia e Rose mentiram, pois meu irmão é o Daniel";

A.4) a irmã de Vítor mentiu;

A.5) a irmã de Jonas falou a verdade.

Suponhamos que Patrícia esteja falando a verdade. Sendo assim, Marta seria a irmã de Jonas. Mas, por (A.5) sabemos que a irmã de Jonas falou a verdade. Sendo assim, a irmã de Marta seria Daniela. Ou seja, chegamos a uma contradição.

Logo, podemos concluir que a irmã de Jonas deve ser Patrícia ou Rose.

Mas a irmã de Jonas não pode ser Patrícia, pois se Patrícia estivesse falando a verdade, a irmã de Jonas seria Marta. Ou seja, uma nova contradição.

Por eliminação, a irmã de Jonas deve ser Rose.

Sendo assim, o irmão de Marta é Vítor.

Por eliminação temos que a irmã de Patrícia é Daniela.

Resumindo:

Rose é irmã de Jonas

Marta é irmã de Vítor

Patrícia é irmã de Daniel

(TRIBUNAL DE CONTAS DO ESTADO DE RONDÔNIA – AGENTE ADMINISTRATIVO – CESPE/Unb – 2013)

Marque com o código C, caso julgue o item CERTO; ou com o código E, caso julgue o item ERRADO.

A respeito da proposição "Após a maiúscula vitória da seleção brasileira de futebol sobre a França neste domingo, não há mais quem não aposte todas as suas fichas no sucesso da seleção canarinho na Copa das Confederações", julgue os próximos itens.

7. Se A indica o conjunto de pessoas que não apostam nenhuma de suas fichas no sucesso da seleção canarinho na Copa das Confederações, então o conjunto de pessoas que apostam todas as suas fichas no sucesso dessa seleção na Copa da Confederações será o complementar de A.

GABARITO: ERRADO

JUSTIFICATIVA

De acordo com o enunciado, A é o conjunto das pessoas que não apostam nenhuma ficha no sucesso da seleção canarinho.

A complementação do conjunto A seria formado pelas pessoas que apostam alguma ficha no sucesso.

8. A negação da proposição em tela pode ser escrita como: "Apesar da maiúscula vitória da seleção brasileira de futebol sobre a França neste domingo, ainda há quem aposte todas as suas fichas no sucesso da seleção canarinho na Copa das Confederações".

GABARITO: ERRADO

JUSTIFICATIVA

Analisando a frase do enunciado:

"Após a maiúscula vitória da seleção brasileira de futebol sobre a França neste domingo, não há mais quem não aposte todas as suas fichas no sucesso da seleção canarinho na Copa das Confederações"

Conclusão: Ou seja, TODOS apostam todas as suas fichas.

A negação de TODOS apostam todas as fichas é EXISTE PELO MENOS UM que NÃO aposta todas as suas fichas.

9. Caso essa proposição seja verdadeira, a probabilidade de que algum torcedor não aposte todas as suas fichas no sucesso da seleção canarinho na Copa das Confederações é nula.

GABARITO: CERTO

JUSTIFICATIVA

A Expressão "não há mais quem não aposte todas as suas fichas no sucesso da seleção" significa que não existem pessoas que não irão apostar tudo no sucesso da seleção. Ou seja, todos irão apostar tudo no sucesso da seleção.

Sendo assim, a probabilidade de alguém não apostar tudo no sucesso da seleção é nulo.

Considerando que, em uma pesquisa de rua, cada entrevistado responda sim ou não a cada uma de dez perguntas feitas pelos entrevistadores, julgue os itens seguintes.

10. Se um entrevistado responder à pesquisa aleatoriamente, a probabilidade de ele responder sim a pelo menos uma pergunta será superior a 99%.

GABARITO: CERTO

JUSTIFICATIVA

O entrevistado pode responder sim ou não. Se são 10 perguntas, e em cada pergunta ele tem 2 opções, o total de possibilidades é igual a $2^{10} = 1024$

Ao invés de calcularmos os casos em que ele responde "sim" em pelo menos 1 das perguntas, calcularemos o seu complemento (casos em que ninguém responde **sim**). Mas só há um caso em que isto acontece, quando todos os eventos são zero.

Então, fica P = 1 / 1024 ≈ 0,000977

Transformando em percentual: P = 0,0009 x 100 ≈ 0,0977 %

Mas este é o percentual do complemento.

Calculando o percentual desejado: 100% - 0,0977% ≈ 99,90%

11. Será necessário entrevistar mais de mil pessoas para se garantir que duas pessoas respondam igualmente a todas as perguntas.

GABARITO: CERTO

JUSTIFICATIVA

Conforme vimos na questão 10, existem 1024 possibilidades de respostas. Sendo assim, para garantirmos que haja uma duplicidade nas respostas, serão necessárias 1025 pessoas entrevistadas.

12. Há menos de cem maneiras de um entrevistado responder sim a três perguntas e não às demais.

GABARITO: ERRADO

JUSTIFICATIVA

Como a ordem não é importante, usaremos o conceito de combinações. Caso a ordem das perguntas fosse importante, usaríamos o conceito de arranjos.

Nesse caso, combinaremos as 10 perguntas 3 a 3. Vejamos:

$$C_{10,3} = \frac{10!}{3! x (10-3)!} = \frac{10!}{3! x 7!} = \frac{10 x 9 x 8 x 7!}{3 x 2 x 7!} = \frac{10 x 9 x 8}{3 x 2} = 10 x 3 x 4 = 120$$

Ou seja, há 120 maneiras de um entrevistado responder **sim** a 3 perguntas e **não** às demais.

(MINISTÉRIO PÚBLICO DO ESTADO DO AMAZONAS – AGENTE DE APOIO – ADMINISTRATIVO – FUNDAÇÃO CARLOS CHAGAS –2013)

13. Rafaela fez algumas compras em uma papelaria para abastecer o escritório onde trabalha. Para que pudesse ser reembolsada, ela elaborou a seguinte tabela, resumindo as compras feitas.

Produto	Quantidade	Preço unitário (R$)
Caneta esferográfica azul	20	1,75
Caneta esferográfica vermelha	5	1,75
Borracha	•	2,30
Lápis preto	25	1,30

Apesar de a quantidade comprada de borrachas ter ficado ilegível na tabela feita, Rafaela pôde recalculá-la, pois sabia que, no total, havia gasto R$ 92,35. A quantidade de borrachas que Rafaela comprou é igual a

(A) 3
(B) 4
(C) 5
(D) 6
(E) 7

GABARITO: E

JUSTIFICATIVA

Vamos calcular os totais de cada produto

Caneta azul = 20 x 1,75 = 35,00

Caneta Vermelha = 5 x 1,75 = 8,75

Borracha = b x 2,30 = 2,30b

Lápis = 25 x 1,30 = 32,50

Como o total gasto foi R$ 92,35, podemos concluir que:

35 + 8,75 + 2,30b + 32,50 = 92,35

76,25 + 2,30b = 92,35

2,30b = 92,35 – 76,25

2,30b = 16,10

$$b = \frac{16,10}{2,30} \quad : \quad b = 7$$

14. A numeração dos sapatos brasileiros (N) relaciona-se com o comprimento do pé de uma pessoa, em centímetros, (c) por meio da fórmula:

$$N = \frac{5c+28}{4}$$

De acordo com essa fórmula, o comprimento, em centímetros, do pé de uma pessoa que calça 44 deve estar entre:

(A) 29 e 30.

(B) 32 e 33.

(C) 35 e 36.

(D) 40 e 41.

(E) 44 e 45.

GABARITO: A

JUSTIFICATIVA

Substituindo, na fórmula, a letra N por 44, teremos:

$$44=\frac{5c+28}{4}$$

5c + 28 = 44 x 4

5c + 28 = 176 : 5c = 176 – 28 : 5c = 148

c = 148 / 5 : c = 29,6

15. Considere a sequência numérica formada pelos números inteiros positivos que são divisíveis por 4, cujos oito primeiros elementos são dados a seguir.

(4, 8, 12, 16, 20, 24, 28, 32, ...)

O último algarismo do 234º elemento dessa sequência é:

(A) 0

(B) 2

(C) 4

(D) 6

(E) 8

GABARITO: D

JUSTIFICATIVA

Podemos observar que a sequência do enunciado é uma PA de razão 4, pois:

$8 - 4 = 12 - 8 = 16 - 12 = 4$

A fórmula do termo geral de uma PA é $a_n = a_1 + (n - 1)r$. Substituindo os valores desejados na fórmula, teremos:

$a_{234} = 4 + (234 - 1) \times 4 = 4 + 233 \times 4 = 4 + 932 = 936$

16. No Brasil, entendemos como final de semana o período da semana que compreende o sábado e o domingo. Em determinado ano, para que o mês de setembro, que é composto por 30 dias, tenha 5 finais de semana completos, o dia 7 de setembro deverá cair em:

(A) um sábado.

(B) uma sexta-feira.

(C) uma quinta-feira.

(D) uma quarta-feira.

(E) uma terça-feira.

GABARITO: B

JUSTIFICATIVA

Como uma semana possui 7 dias, podemos concluir que:

– o dia da semana do dia 1º é o mesmo dia da semana dos dias

$1 + 7 = 8$, $1 + 2.7 = 15$, $1 + 3.7 = 22$, $1 + 4.7 = 29$

ou seja, são 5 dias do mesmo mês.

– o dia da semana do dia 2 é o mesmo dia da semana dos dias:

$2 + 7 = 9$, $2 + 2.7 = 16$, $2 + 3.7 = 23$, $2 + 4.7 = 30$

ou seja, são 5 dias do mesmo mês.

– o dia da semana do dia 3 é o mesmo dia da semana dos dias 10, 17, 24

– o dia da semana do dia 4 é o mesmo dia da semana dos dias 11, 18, 25

– o dia da semana do dia 5 é o mesmo dia da semana dos dias 12, 19, 26

– o dia da semana do dia 6 é o mesmo dia da semana dos dias 13, 20, 27

– o dia da semana do dia 7 é o mesmo dia da semana dos dias 14, 21, 28

Resumindo:

Os únicos dias da semana que se repetem por 5 vezes durante um mês de 30 dias são os dias da semana dos dias 1 e 2.

Como o enunciado nos pede para que tenhamos 5 sábados e 5 domingos, podemos concluir que o 1º dia do mês deve ser num sábado. Sendo assim, o dia 7 do mesmo mês deve ser numa sexta-feira.

17. Um marceneiro deseja cortar uma viga de madeira de 360 cm. de comprimento em 7 ou mais partes menores, todas de mesmo comprimento, de modo que o comprimento de cada parte, em centímetros, seja um número natural e que não sobre nenhum pedaço da viga original. Para que ele possa fazer isso, o comprimento de cada uma das partes poderá ser, no máximo:

(A) 72 cm.

(B) 60 cm.

(C) 51 cm.

(D) 45 cm.

(E) 40 cm.

GABARITO: D

JUSTIFICATIVA

Vamos encontrar os divisores de 360.

1 x 360 = 360. Logo, 1 e 360 são divisores de 360.

2 x 180 = 360. Logo, 2 e 180 são divisores de 360.

3 x 120 = 360. Logo, 3 e 120 são divisores de 360.

4 x 90 = 360. Logo, 4 e 90 são divisores de 360.

5 x 72 = 360. Logo, 5 e 72 são divisores de 360.

6 x 60 = 360. Logo, 6 e 60 são divisores de 360.

8 x 45 = 360. Logo, 8 e 45 são divisores de 360.

9 x 40 = 360. Logo, 9 e 40 são divisores de 360.

10 x 36 = 360. Logo, 10 e 36 são divisores de 360.

12 x 30 = 360. Logo, 12 e 30 são divisores de 360.

15 x 24 = 360. Logo, 15 e 24 são divisores de 360.

18 x 20 = 360. Logo, 18 e 20 são divisores de 360.

Analisando os múltiplos encontrados acima, podemos concluir que o primeiro número natural maior do que 7 encontrado é o 8. Logo, o comprimento de cada uma das partes poderá ser, no máximo, de 45 cm.

18. Dentre todas as pessoas que dão entrada diariamente no pronto-socorro de um hospital público, 80% são liberadas no mesmo dia. Dos pacientes que não são liberados no mesmo dia, 80% ficam internados no próprio hospital e os demais são removidos para outros hospitais. Em relação a todas as pessoas que dão entrada diariamente nesse pronto-socorro, os pacientes que são removidos para outros hospitais representam:

(A) 20%

(B) 16%

(C) 12%

(D) 8%

(E) 4%

GABARITO: E

JUSTIFICATIVA

Chamemos de **x** o número de pessoas que dão entrada no pronto-socorro do hospital.

Sendo assim, podemos concluir que:

- 0,80x são liberados no mesmo dia.
- 0,20x não são liberados no mesmo dia, ficando internados no mesmo hospital, ou sendo transferidos para outros hospital.
- 0,80 de 0,20x ficam internados no próprio hospital, ou seja, 0,16x.
- (1 – 0,80) de 0,20x são removidos para outros hospitais, ou seja, 0,20 . 0,20x = 0,04x.

Ou seja, 4% são removidos para outros hospitais.

19. Considere a sequência de números (R1, R2, R3, R4, R5, R6, R7), obtida como mostrado abaixo.

$$R_1 = \frac{1}{2}$$

$$R_2 = \frac{1}{2} + \frac{1}{4}$$

$$R_3 = \frac{1}{2} + \frac{1}{4} + \frac{1}{6}$$

$$R_4 = \frac{1}{2} + \frac{1}{4} + \frac{1}{6} + \frac{1}{8}$$

$$R_5 = \frac{1}{2} + \frac{1}{4} + \frac{1}{6} + \frac{1}{8} + \frac{1}{10}$$

$$R_6 = \frac{1}{2} + \frac{1}{4} + \frac{1}{6} + \frac{1}{8} + \frac{1}{10} + \frac{1}{12}$$

$$R_7 = \frac{1}{2} + \frac{1}{4} + \frac{1}{6} + \frac{1}{8} + \frac{1}{10} + \frac{1}{12} + \frac{1}{14}$$

O primeiro elemento dessa sequência que é maior do que 1 é:

(A) R_2
(B) R_3
(C) R_4
(D) R_5
(E) R_6

GABARITO: C.

JUSTIFICATIVA

Calculando:

$R_1 = 0,5$

$R_2 = 0,5 + 0,25 = 0,75$

$R_3 = 0,75 + 0,166... = 0,9166...$

$R_4 = 0,9166... + 0,125 = 1,0416$

20. O gráfico a seguir mostra como varia o tempo de duração dos atendimentos aos clientes de um banco nos caixas de determinada agência.

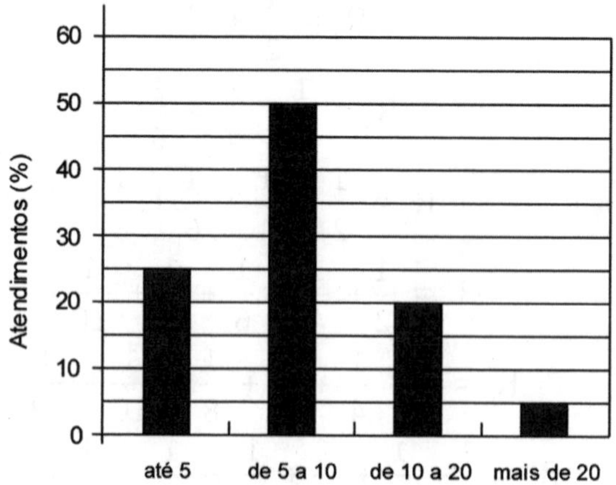

Duração dos atendimentos (minutos)

De acordo com o gráfico, escolhendo um atendimento ao acaso, a probabilidade de que ele dure até 10 minutos é igual a:

(A) 75%
(B) 70%
(C) 50%
(D) 25%
(E) 10%

GABARITO: A.

JUSTIFICATIVA

A probabilidade de um evento acontecer é igual a razão entre o número de casos favoráveis e o número total de casos.

Sendo assim,

$$P = \frac{\text{Atendimentos de até 10 minutos}}{\text{Total de atendimentos}}$$

$$P = \frac{(\text{Atendimentos de até 5 min.}) + (\text{Atendimentos de 5 a 10 minutos})}{\text{Total de atendimentos}}$$

$$P = \frac{25+50}{100} = \frac{75}{100} : \quad P = 75\%$$

21. No campeonato brasileiro de futebol, cada equipe disputa um total de 38 jogos, recebendo 3 pontos a cada vitória, 1 ponto a cada empate e nenhum ponto em caso de derrota. Em 2012, o Fluminense foi o campeão brasileiro, conquistando um total de 77 pontos e sendo derrotado apenas 5 vezes. Dessa forma, o número de vitórias obtidas pelo Fluminense no campeonato brasileiro de 2012 é igual a:

(A) 23

(B) 22

(C) 21

(D) 20

(E) 19

GABARITO: B.

JUSTIFICATIVA

Chamemos de:

J, o total de jogos;

V, o total de vitórias;

E, o total de empates;

D, o total de derrotas;

P, o total de pontos.

Extraindo do enunciado as informações importantes:

$J = 38$, $P = 77$, $D = 5$

Sabemos que $J = V + E + D$.

Substituindo os valores, $38 = V + E + 5$: $V + E = 33$ (I)

Também sabemos que $P = 3V + E$.

Substituindo os valores, $77 = 3V + E$ (II)

Temos, então, um sistema de 2 variáveis e 2 incógnitas. Resolveremos usando o método da substituição. Vejamos:

Isolando E em (I) : $E = 33 - V$

Substituindo o valor de E encontrado acima na equação (II): $77 = 3V + \mathbf{33 - V}$

$77 - 33 = 2V$: $44 = 2V$: $V = 22$

22. O professor de uma disciplina experimental de um curso de Engenharia estabeleceu no início do semestre que, para ser aprovado, um aluno teria de realizar pelo menos 5 das 6

experiências propostas e ter média de relatórios maior ou igual a 6,0. Como Juca foi reprovado nessa disciplina, pode-se concluir que ele, necessariamente:

(A) realizou apenas 4 experiências e teve média de relatórios, no máximo, igual a 5,0.

(B) realizou 4 ou menos experiências e teve média de relatórios inferior a 6,0.

(C) realizou menos do que 5 experiências ou teve média de relatórios inferior a 6,0.

(D) não realizou qualquer experiência, tendo média de relatórios igual a 0,0.

(E) não realizou qualquer experiência ou teve média de relatórios menor ou igual a 5,0.

GABARITO: B.

JUSTIFICATIVA

Conforme o enunciado, para que um aluno seja aprovado, ele deve alcançar:

O objetivo 1 (realizar pelo menos 5 das 6 experiências propostas) E

O objetivo 2 (ter média de relatórios ≥ 6,0)

Ou seja, temos um caso de proposição composta por duas proposições simples e o conectivo E, de CONJUNÇÃO. Se chamarmos o objetivo 1 de p, e o objetivo 2 de q, teremos a proposição composta p ^ q.

Como Juca foi reprovado, negaremos a proposição p ^ q.

~(p ^ q) = ~p v ~q

Negando p, ou seja, negando o objetivo 1 Juca realizou 4 ou menos experiências propostas.

Negando q, ou seja, negando o objetivo 2 Juca teve média de relatórios < 6,0.

(MINISTÉRIO PÚBLICO DO ESTADO DO ESPÍRITO SANTO – AGENTE DE APOIO ADMINISTRATIVO – VUNESP – 2013)

23. A sequência de números (102; 213; 324; 435;) foi criada segundo um padrão predeterminado. O primeiro termo dessa sequência, que é maior do que 1.200, é:

(A) 1.201
(B) 1.212
(C) 1.217
(D) 1.254
(E) 1.309

GABARITO: B

JUSTIFICATIVA

A_1 = 1º termo = 102

A_2 = 2º termo = 213

A_3 = 3º termo = 324

A_4 = 4º termo = 435

Podemos observar que $A_4 - A_3 = A_3 - A_2 = A_2 = A_1 = 111$.

Ou seja, estamos diante de uma PA de razão 111.

O termo geral de uma PA é $A_n = A_1 + (n - 1) . r$

Na PA acima, sabemos que $A_1 = 102$ e $r = 111$ e queremos $A_n > 1200$

Substituindo os valores: $102 + (n - 1) \times 111 > 1200$

$111 \times (n - 1) > 1200 - 102$

$111 \times (n - 1) > 1098$

$n - 1 > 1098 / 111$

O resultado da divisão de 1098 por 111 é aproximadamente igual a 9,89. O primeiro inteiro maior do que 9,89 é 10. Logo,

N – 1 = 10: N = 11

Sendo assim, $A_{11} = A_1 + 10 \times \mathbf{r} = 102 + 10 \times 111 = 102 + 1110 =$ 1212

24. No diagrama, observe os conjuntos A, B e C, as intersecções entre A e B e entre B e C, e a quantidade de elementos que pertencem a cada uma das intersecções.

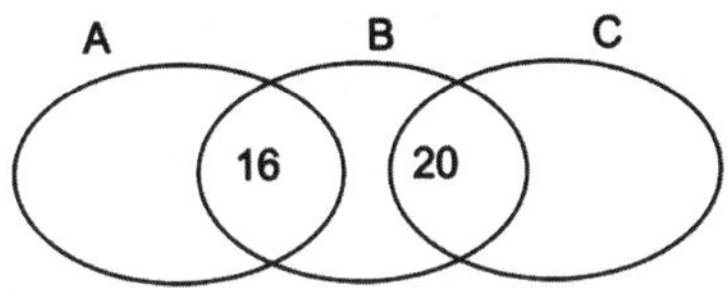

Sabe-se que pertence apenas ao conjunto A o dobro do número de elementos que pertencem à intersecção entre A e B. Sabe-se que pertence, apenas ao conjunto C, o dobro do número de elementos que pertencem à intersecção entre B e C. Sabe-se que o número de elementos que pertencem apenas ao conjunto B é igual à metade da soma da quantidade de elementos que pertencem à intersecção de A e B, com a quantidade de elementos da intersecção entre B e C. Dessa maneira, pode-se afirmar corretamente que o número total de elementos dos conjuntos A, B e C é igual a:

(A) 90.
(B) 108.
(C) 126.
(D) 162.
(E) 180.

GABARITO: C

JUSTIFICATIVA

Extraindo do enunciado as informações importantes:

- Pertence apenas ao conjunto A o dobro do número de elementos que pertencem à intersecção entre A e B.
- Pertence apenas ao conjunto A = 2 x 16 = 32
- Pertence, apenas ao conjunto C, o dobro do número de elementos que pertencem à intersecção entre B e C.
- Pertence, apenas ao conjunto C = 2 x 20 = 40
- O número de elementos que pertencem apenas ao conjunto B é igual à metade da soma da quantidade de elementos que pertencem à intersecção de A e B, com a quantidade de elementos da intersecção entre B e C.

O número de elementos que pertencem apenas ao conjunto B =

$$B = \frac{(16+20)}{2} = 18$$

Dessa maneira, pode-se afirmar corretamente que o número total de elementos dos conjuntos A, B e C é igual a:

32 + 16 + 18 + 40 + 20 = 126

25. Minha mãe tem sete filhos. Um deles sou eu. Cada um desses filhos tem dois filhos, exceto eu, que tenho três filhos.

Levando em conta apenas as pessoas relatadas, pode-se afirmar que o número de primos que o filho mais velho do meu irmão mais novo tem é igual a:

(A) 10.

(B) 11.

(C) 12.

(D) 13.

(E) 14.

GABARITO: E

JUSTIFICATIVA

Pelo enunciado, podemos concluir que:

A mãe possui 6 filhos com 2 filhos cada. Ou seja, um total de 12 netos.

A mãe possui 1 filho com 3 filhos. Ou seja, um total de 3 netos

Ou seja, temos um total de 15 netos, que são primos uns dos outros.

Ou seja, cada neto (ou primo) possui outros 14 primos.

26. Uma afirmação equivalente à afirmação condicional: – *Se escorrego na lama, então estou de olhos fechados ou estou desatento* – é:

(A) Se não estou desatento e não estou de olhos fechados, então não escorrego na lama.

(B) Se não escorrego na lama, então estou de olhos abertos e estou desatento.

(C) Se não escorrego na lama, então estou de olhos fechados e estou atento.

(D) Se estou de olhos fechados e estou desatento, então escorrego na lama.

(E) Se estou de olhos fechados e estou desatento, então não escorrego na lama.

GABARITO: A

JUSTIFICATIVA

Chamemos de:

P, a proposição simples *"escorrego na lama",*

Q, a proposição simples *"estou de olhos fechados"*

R, a proposição simples *"estou desatento"*

Sendo assim, a proposição do enunciado pode ser representada por:

P → (Q v R)

Uma das equivalências da condicional nos diz que:

P → (Q v R) é equivalente a~(Q v R) → ~P

Ou seja, (~Q ^ ~R) → ~P

SE *"não estou de olhos fechados"* E *"não estou desatento"*

ENTÃO *"não escorrego na lama".*

27. Dois meninos resolvem brincar sobre o traçado, feito no chão, de uma circunferência, conforme representado na figura. Eles caminham em cima da linha em sentidos contrários.

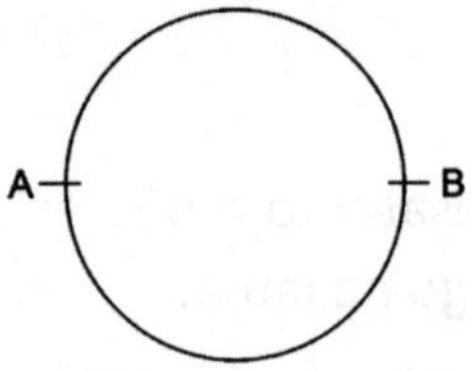

Partem do ponto A, cada um em seu sentido, cruzam-se no ponto B (que está localizado em posição oposta ao ponto A), continuam caminhando, cruzam-se no ponto A, e seguem dessa maneira, cruzando-se sempre no ponto A ou no ponto B. Ao se cruzarem pela 13ª vez, eles param imediatamente.

Nessa caminhada, a distância máxima que cada menino percorreu foi de:

(A) três voltas completas.

(B) cinco voltas completas mais meia volta.

(C) seis voltas completas.

(D) seis voltas completas mais meia volta.

(E) treze voltas completas.

GABARITO: D

JUSTIFICATIVA

De acordo com o enunciado, podemos concluir que:

- A 1ª vez que os meninos se cruzam é no ponto B.
- A 2ª vez que os meninos se cruzam é no ponto A.
- A 3ª vez que os meninos se cruzam é no ponto B.
- A 4ª vez que os meninos se cruzam é no ponto A.

E, assim por diante:

Ou seja, os encontros ÍMPARES se dão em B, enquanto os encontros PARES se dão em A.

Também podemos concluir que a cada 2 encontros os meninos dão uma volta completa sobre a circunferência.

Sendo assim, após o seu 13º encontro, terão dado 6 voltas e meia, pois 12 dividido por 2, resulta em 6, com resto 1.

(COMPANHIA DO METROPOLITANO DE SÃO PAULO / METRÔ – FUNDAÇÃO CARLOS CHAGAS – 2013)

28. Em cada uma das 25 fichas de cartolina (do tamanho das cartas de um baralho) foi escrito um número natural diferente, de 1 a 25. De um monte com essas 25 fichas foram excluídas todas aquelas cujo número era múltiplo de 8, depois foram excluídas todas aquelas cujo número era múltiplo de 7, depois foram excluídas todas aquelas cujo número era múltiplo de 9, depois foram excluídas todas aquelas cujo número era múltiplo de 5, depois foram excluídas todas aquelas cujo número era múltiplo de 6. A quantidade de fichas que foram retiradas é igual a:

(A) 20

(B) 16

(C) 15

(D) 11

(E) 14

GABARITO: C

JUSTIFICATIVA

Vamos fazer passo a passo o que foi descrito no enunciado:

De um monte com essas 25 fichas foram excluídas todas aquelas cujo número era múltiplo de 8.

Os números 8, 16 e 24 são múltiplos de 8. Logo, foram excluídas 3 fichas.

Foram excluídas todas aquelas cujo número era múltiplo de 7.

Os números 7, 14 e 21 são múltiplos de 7. Logo, foram excluídas 3 fichas.

Foram excluídas todas aquelas cujo número era múltiplo de 9.

Os números 9 e 18 são múltiplos de 9. Logo, foram excluídas 2 fichas.

Foram excluídas todas aquelas cujo número era múltiplo de 5.

Os números 5, 10, 15, 20 e 25 são múltiplos de 5. Logo, foram excluídas 5 fichas.

Foram excluídas todas aquelas cujo número era múltiplo de 6.

Os números 6, 12, 18 e 24 são múltiplos de 6. Seriam excluídas 4 fichas, mas as fichas de números 18 e 24 já foram excluídas. Logo, foram excluídas apenas 2 fichas.

Ou seja, foram excluídas um total de 3 + 3 + 2 + 5 + 2 = 15 fichas

29. O resultado da expressão: 1 – 2 + 3 – 4 + 5 – 6 + 7 – 8 + . . . – 168 + 169 – 170 é igual a:

(A) 170

(B) – 170

(C) 85

(D) – 85

(E) – 87

GABARITO: D

JUSTIFICATIVA

Observe que a conta a ser feita é simples, porém longa. Portanto, precisamos encontrar uma maneira mais simples de a efetuarmos. Vejamos:

$$1 - 2 + 3 - 4 + 5 - 6 + 7 - 8 + \ldots - 168 + 169 - 170$$

Observe que: $1 - 2 = -1$, $3 - 4 = -1$, $5 - 6 = -1$ e assim sucessivamente, até $169 - 170 = -1$

Ou seja, estaremos realizaremos $\frac{170}{2}$ operações com o mesmo resultado, que é -1

Sendo assim,

$$1-2+3-4+5-6+7-8+\ldots-168+169-170 = \frac{170}{2} \times (-1) = -85$$

30. Dois amigos foram a uma pizzaria. O mais velho comeu $\frac{3}{8}$ da pizza que compraram. Ainda da mesma pizza o mais novo comeu $\frac{7}{5}$ da quantidade que seu amigo havia comido. Sendo assim, e sabendo que mais nada dessa pizza foi comido, a fração da pizza que restou foi:

(A) $\frac{3}{5}$

(B) $\frac{7}{8}$

(C) $\frac{1}{10}$

(D) $\frac{3}{10}$

(E) $\frac{36}{10}$

GABARITO: C

JUSTIFICATIVA

Extraindo do enunciado as informações importantes:

O mais velho comeu $\frac{3}{8}$ da pizza.

O mais novo comeu $\frac{7}{5}$ de $\frac{3}{8} = \frac{7 \times 3}{5 \times 8} = \frac{21}{40}$

Ou seja, juntos eles comeram $\frac{3}{8} + \frac{21}{40} = \frac{3 \times 5}{8 \times 5} + \frac{21}{40} = \frac{15 + 21}{40} = \frac{36}{40}$

Ou seja, restaram $1 - \frac{36}{40} = \frac{40}{40} - \frac{36}{40} = \frac{40 - 36}{40} = \frac{4}{40} = \frac{1}{10}$

31. Para aumentar a área de um tapete retangular de 2 m por 5 m foi costurada uma faixa em sua volta de exatos 10 cm de largura e que manteve o formato retangular do tapete. A porcentagem de aumento da área do tapete é igual a:

(A) 12,2
(B) 14,4
(C) 20,4
(D) 10,2
(E) 10,4

GABARITO: B

JUSTIFICATIVA

Calculando a área original: $A_1 = 2m \times 5m = 10m^2$.

Calculando a área após o aumento:

$A_2 = (2m + 0,2m) \times (5m + 0,2m) = 2,2m \times 5,2m = 11,44\ m^2$.

Calculando a porcentagem do aumento da área:

$10m^2$ representam 100%

$11,44m^2$ representam x%

$$x = \frac{11,44 \times 100}{10} = 114,44\%$$

Ou seja, houve um aumento percentual de 14,44%.

32. Alguns trens do metrô apresentam informações aos usuários em forma de pequenos filmes. Um desses filmes durava 8 minutos e 30 segundos e precisava ser apresentado em 6 partes de mesma duração. Para isso acontecer, cada uma dessas partes deve durar:

(A) 1 minuto e 10 segundos.
(B) 1 minuto e 45 segundos.
(C) 2 minutos e 10 segundos.
(D) 1 minuto e 25 segundos.
(E) 1 minuto e 15 segundos.

GABARITO: D

JUSTIFICATIVA

Inicialmente, transformaremos 8min e 30seg em segundos. Vejamos:

8 minutos = 8 x 60 = 480 segundos

8 minutos e 30 segundos = 480 segundos + 30 segundos = 510 segundos

Dividindo 510 segundos por 6, encontramos 85 segundos.

Agora, transformaremos 85 segundos em minutos e segundos. Vejamos:

Dividindo 85 por 60, encontramos 1, com resto 25. Logo, podemos concluir que:

85 segundos possuem 1 minuto e 25 segundos.

33. Em uma festa foi servido suco de uva em copos de 300 mililitros, de 450 mililitros e de 500 mililitros. O suco era retirado de garrafas de 2 litros e só se abria uma nova garrafa quando acabava o suco da anterior. Sabendo que foram servidos 13 copos pequenos, 17 copos médios e 11 copos grandes, e ainda supondo que não houve qualquer perda ao se encherem os copos, o total de garrafas de 2 litros que precisou ser aberto é igual a:

(A) 17
(B) 18
(C) 9
(D) 11
(E) 8

GABARITO: C

JUSTIFICATIVA

Calculando o total consumido:

13 copos pequenos (300ml) = 3900ml.

17 copos médios (450ml) = 7650ml.

11 copos grandes (500ml) = 5500ml.

Total consumido = 17.050ml = 17 litros e 50 ml.

Como cada garrafa que foi aberta possuía 2 litros, dividiremos o total de mililitros obtidos acima por 2000.

Feito isto, encontramos 8 com resto 1050ml.

A alternativa correta é a alternativa C 9 garrafas, pois 8 garrafas x 2000 ml = 16000 ml, para 17050 ml consumidos ainda faltam 1050ml, logo foram necessárias 9 garrafas.

34. Glauco foi à livraria e comprou 3 exemplares do livro J, comprou 4 exemplares do livro K, com preço unitário de 15 reais a mais que o preço unitário do livro J. Comprou também um álbum de fotografias que custou a terça parte do preço unitário do livro K.

Glauco pagou com duas cédulas de 100 reais e recebeu o troco de 3 reais. Glauco pagou pelo álbum o valor, em reais, igual a:

(A) 33

(B) 132

(C) 54

(D) 44

(E) 11

GABARITO: E

JUSTIFICATIVA

Extraindo do enunciado as informações importantes:

– 3 exemplares do livro J foram comprados a um preço de **x** reais.

– 4 exemplares do livro K foram comprados a um preço de (15 + x) reais

– 1 álbum de fotografias foi comprados a um preço de $\frac{(15+x)}{3}$ reais

– A conta foi paga com 2 x 100 = 200 reais. Houve um troco de 3 reais. Ou seja, o total pago foi de 200 – 3 = 197 reais

Sendo assim, podemos concluir que:

$$197 = 3x + 4(15 + x) + \frac{15+x}{3}$$

$$197 = 3x + 60 + 4x + \frac{15}{3} + \frac{x}{3}$$

$$197 - 60 - 5 = 3x + 4x + \frac{x}{3}$$

$$132 = 7x + \frac{x}{3}$$

$$132 = \frac{22x}{3} : x = \frac{132 \times 3}{22} = 6 \times 2 = 18$$

Ou seja, o álbum de fotografias foi comprado por $\frac{15+18}{3} = \frac{33}{3} = 11$ reais.

35. Um mosaico foi construído com triângulos, quadrados e hexágonos. A quantidade de polígonos de cada tipo é proporcional ao número de lados do próprio polígono. Sabe-se que a quantidade total de polígonos do mosaico é 351. A quantidade de triângulos e quadrados somada supera a quantidade de hexágonos em:

(A) 108

(B) 27

(C) 35

(D) 162

(E) 81

GABARITO: B

JUSTIFICATIVA

Extraindo do enunciado as informações importantes:

- Número de triângulos = x
- Número de quadrados = y
- Número de hexágonos = z

É dito no enunciado que a quantidade de polígonos de cada tipo é proporcional ao número de lados do próprio polígono. Logo,

$$\frac{x}{3} = \frac{y}{4} = \frac{z}{6}$$

Ou seja,

$$4x = 3y \therefore y = \frac{4x}{3} \quad (I)$$

$$6x = 3z \therefore z = \frac{6x}{3} \therefore z = 2x \quad (II)$$

Também sabemos que a quantidade total de polígonos do mosaico é 351. Logo, $x + y + z = 351$ (III)

Substituindo (I) e (II) em (III), teremos:

$$X + \frac{4x}{3} + 2x = 351 \therefore 3x + \frac{4x}{3} = 351 \therefore \frac{9x + 4x}{3} = 351 \therefore \frac{13x}{3} = 351$$

$$X = \frac{3 \cdot 351}{13} = 3 \cdot 27 \therefore x = 81$$ (Número de triângulos)

Substituindo o valor de x em (I): $y = \frac{4 \cdot 81}{3} \therefore y = 4 \cdot 27 \therefore$
$y = 108$ (Número de quadrados)

Substituindo o valor de **x** em (II): $z = 2 \cdot 81 \therefore z = 162$ (Número de hexágonos)

Sendo assim, a quantidade de triângulos e quadrados somada supera a quantidade de hexágonos em:

$$x + y - z = 81 + 108 - 162 = 189 - 162 = 27$$

36. O raio de uma roda de trem mede, aproximadamente, 0,4 m. Sabendo que o comprimento de uma circunferência é dado pela fórmula C = 2 . π .R (C: comprimento; considere π igual a 3,1 nessa questão; R : raio da roda). O número mínimo de voltas completas (desconsidere qualquer arrasto ou patinar da roda) para que uma dessas rodas percorra 1 km, é:

(A) 248

(B) 620

(C) 800

(D) 404

(E) 992

GABARITO: D

JUSTIFICATIVA

De acordo com o enunciado, a distância percorrida em 1 volta da roda do trem é igual a:

$C = 2 . \pi .R = 2 . 3,1 . 0,4 = 6,2 . 0,4 = 2,48m$

Para encontrarmos o número de voltas dadas por essa roda de trem para que a distância total percorrida seja de 1 km, dividiremos 1 km = 1000m por 2,48m.

Efetuando essa divisão, encontramos aproximadamente 403,22.

Como o enunciado nos pede o número mínimo de voltas completas para que a distância supere 1000m, podemos concluir que a resposta é igual a 404.

37. Em um percurso de uma rede experimental de metrô, o trem gasta exatos 50 segundos entre uma estação e a seguinte. O trem para exatos 15 segundos em cada estação. Esse percurso é constituído por 9 estações numeradas de 1 a 9 e o trem para em todas elas. Nesse percurso, o tempo gasto por um trem desde a partida na estação 1 até parar na estação 9 é igual a:

(A) 8 minutos e 25 segundos.

(B) 10 minutos e 45 segundos.

(C) 9 minutos e 30 segundos.

(D) 9 minutos e 15 segundos.

(E) 8 minutos e 40 segundos.

GABARITO: A

JUSTIFICATIVA

De acordo com o enunciado, podemos concluir que:

O trem executa 8 percursos entre uma estação e outra.

Com isso ele gasta 8 x 50 = 400 segundos.

O trem fica parado em 7 estações (de 2 até 8)

Com isso ele gasta 7 x 15 = 105 segundos.

Ou seja, o trem gastou um total de 400 + 105 = 505 segundos.

Como as opções de resposta estão em minutos e segundos, precisamos fazer a conversão. Para isso, dividiremos 505 segundos por 60 segundos.

Feito isto, encontramos 8, com resto 25. Isso significa que 505 segundos é o mesmo que 8 minutos e 25 segundos.

38. Julia tem 21 reais a mais que Laura. Sabe-se que $\frac{3}{5}$ do dinheiro de Julia é 3 reais a mais do que $\frac{3}{4}$ do dinheiro de Laura. O dinheiro somado das duas é igual, em reais, a:

(A) 60

(B) 149

(C) 192

(D) 85

(E) 252

GABARITO: B

JUSTIFICATIVA

De acordo com o enunciado, podemos concluir que:

– Laura possui x reais

– Júlia possui x + 21 reais

– A frase "3/5 do dinheiro de Júlia é 3 reais a mais do que ¾ do dinheiro de Laura", pode ser traduzida da seguintes forma:

$$-(x + 21) = 3 + \frac{3x}{4}$$

$$\frac{3x}{5} + \frac{63}{5} = 3 + \frac{3x}{4}$$

$$\frac{3x}{5} - \frac{3x}{4} = 3 + \frac{63}{5}$$

$$\frac{3x \,.\, 4 - 3x \,.\, 5}{20} = \frac{3.\,20 + 63 \,.\, 4}{20}$$

$12x - 15x = 60 - 252 \rightarrow -3x = -192 \rightarrow 3x = 192 \rightarrow x = 192 / 3$

$\rightarrow x = 64$

Ou seja,
Laura possui 64 reais.
Júlia possui 64 + 21 = 85 reais.
E as duas juntas possuem 64 + 85 = 149 reais.

39. Apenas uma alternativa representa um número real que, em uma reta numérica real, situa-se entre $\sqrt{25}$ e $\sqrt{49}$. A alternativa que corresponde a esse número é:

(A) $\frac{88}{17}$

(B) $\frac{150}{18}$

(C) $\frac{64}{13}$

(D) $\frac{93}{23}$

(E) $\sqrt{50}$

GABARITO: A

JUSTIFICATIVA

Sabemos que:

A raiz quadrada de 25 é igual a 5.

A raiz quadrada de 49 é igual a 7.

Temos, então, de encontrar um número que esteja entre 5 e 7.

$$\frac{88}{17} \approx 5{,}17 \quad \frac{150}{18} \approx 8{,}33 \quad \frac{64}{13} \approx 4{,}92 \quad \frac{93}{23} \approx 4{,}04 \quad \sqrt{50} \approx 7{,}07$$

Ou seja $\frac{88}{17}$ é o único número que está situado entre 5 e 7.

40. Em um vagão do metrô, com menos de 50 pessoas, a razão entre o número de homens e o número de mulheres é $\frac{5}{7}$, nessa ordem. Na estação seguinte 12 mulheres desceram e foi essa a única movimentação de pessoas. A partir desse fato, a razão citada que era $\frac{5}{7}$ passou a ser $\frac{5}{4}$. O total das pessoas que estavam no vagão, antes da parada, era um número:

(A) maior do que 30 e menor do que 37.

(B) maior do que 15 e menor do que 30.

(C) maior do que 45 e menor do que 50.

(D) maior do que 37 e menor do que 45.

(E) maior do que 4 e menor do que 15.

GABARITO: C

JUSTIFICATIVA

Chamemos de

H, o número de homens no vagão do metrô.

M, o número de mulheres no vagão do metrô.

De acordo com enunciado sabemos que:

$$H + M < 50 \quad \text{e} \quad \frac{H}{M} = \frac{5}{7}$$

Ou seja, $7H = 5M$ (I)

Na estação seguinte, temos que:

$$\frac{H}{M\text{-}12} = -$$

$4H = 5(M - 12)$: $4H = 5M - 60$

Substituindo o valor de 5M encontrado em (I) na equação (II) teremos:

$4H = 7H - 60 : 60 = 7H - 4H : 3H = 60 : H = 20$

Voltando em (I): $7x20 = 5M : M = 140 / 5 : M = 28$

Ou seja, o total de pessoas que estavam no vagão é igual a 20 + 28 = 48

Logo, o total de pessoas no vagão era maior do que 45 e menor que 50.

41. Um trem viajando a uma velocidade média de 45 km/h gasta 4 minutos e 30 segundos para percorrer o trajeto entre uma estação e a estação seguinte. Se viajar com a velocidade média de 30 km/h, o tempo gasto para percorrer o mesmo trajeto será de:

(A) 9 minutos.

(B) 6 minutos e 45 segundos.

(C) 3 minutos.

(D) 2 minutos e 15 segundos.

(E) 13 minutos e 30 segundos.

GABARITO: B

JUSTIFICATIVA

Esta é uma questão de regra de três simples.

Identificando as grandezas envolvidas:

- Velocidade média;
- Tempo gasto;

Vejamos se essas grandezas são diretamente ou inversamente proporcionais:

Para percorrer uma mesma distância, quanto maior for a velocidade menor será o tempo gasto. Logo, as grandezas envolvidas são inversamente proporcionais.

Feito isto, montaremos a nossa regra de três

Velocidade média **(↑)** Tempo gasto **(↓)**

45 km/h 4min 30seg

30 km/h x

Antes de iniciarmos a resolução, converteremos o tempo de minutos e segundos para segundos. Vejamos:

4 minutos = 4 . 60 = 240 segundos.

4 minutos e 30 segundos = 240 + 30 = 270 segundos

Vamos aos cálculos:

$$\frac{45}{30} = \frac{x}{270} : x = \frac{45 \,.\, 270}{30} = 45 \,.\, 9 : x = 405 \text{ segundos}$$

Como o tempo das opções de resposta estão em minutos e segundos, transformaremos 405 segundos em minutos e segundos.

Dividindo 405 por 60, encontraremos 6 com resto 45. Logo, podemos concluir que 405 segundos equivalem a 6 minutos e 45 segundos.

42. No universo dos números naturais, o resto da divisão do número Y por 13 é 2. O resto da divisão do mesmo número Y por 17 é 3. O número Y é menor do que 80. O resto da divisão do número Y por 15 é:

(A) 3

(B) 0

(C) 5

(D) 12

(E) 9

GABARITO: E

JUSTIFICATIVA

Vamos traduzir em símbolos matemáticos o que foi dito no enunciado:

I) o resto da divisão do número Y por 13 é 2.

$Y = 13 \times a + 2$

II) O resto da divisão do mesmo número Y por 17 é 3.

$Y = 17 \times b + 3$

III) $Y < 80$.

IV) Queremos saber o resto da divisão do número Y por 15

Vamos às nossas conclusões:

De (I) e (III), temos que:

Y pode ser igual a 15, pois $15 = 13 \times 1 + 2$

28, pois $28 = 13 \times 2 + 2$

41, pois $41 = 13 \times 3 + 2$

54, pois $54 = 13 \times 4 + 2$

67, pois $67 = 13 \times 5 + 2$

De forma semelhante, podemos concluir por (II) e (III) que,
Y pode ser igual a 20, pois 20 = 17 x 1 + 3
37, pois 37 = 17 x 2 + 3
54, pois 54 = 17 x 3 + 3
71, pois 71= 17 x 4 + 3

Ou seja, Y é igual a 54.

Dividindo 54 por 15, encontramos 3 com resto 9.

43. Em um grupo de bateristas, guitarristas e cantores sabe-se que:

I. Não há pessoas que são apenas bateristas.
II. Há bateristas que também são cantores e guitarristas.
III. Há bateristas que também são cantores, mas não guitarristas.
IV. Há bateristas que também são guitarristas, mas não cantores.
V. Há guitarristas que também são cantores, mas não bateristas.
VI. Há pessoas que são apenas guitarristas.
VII. Há pessoas que são apenas cantores.

Sendo assim, pode-se afirmar corretamente que, necessariamente, (A) qualquer guitarrista é também cantor.

(B) os cantores que são guitarristas também são bateristas.
(C) qualquer cantor é também guitarrista.
(D) os bateristas que não são cantores são guitarristas.
(E) os guitarristas são cantores e bateristas.

GABARITO: D

JUSTIFICATIVA

Observemos o diagrama abaixo:

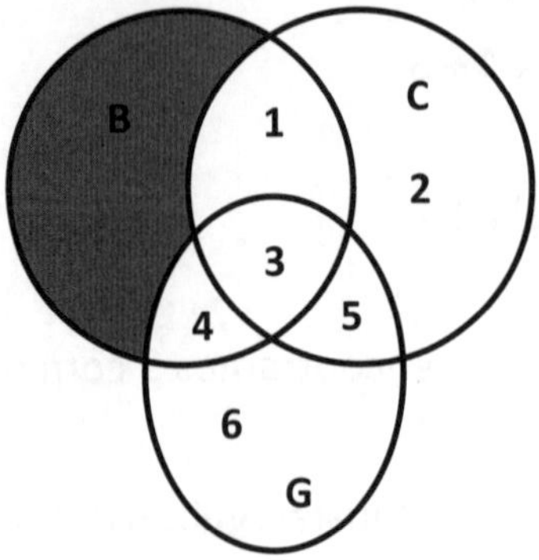

Onde:

C, é o conjunto dos cantores

G, é o conjunto dos guitarristas

B, é o conjunto dos bateristas

Região 1 contém as pessoas que são apenas Bateristas e Cantores

Região 2 contém as pessoas que são apenas Cantores

Região 3 contém as pessoas que são Cantores, Guitarristas e Bateristas

Região 4 contém as pessoas que são apenas Guitarristas e Bateristas

Região 5 contém as pessoas que são apenas Cantores e Guitarristas.

Região 6 contém as pessoas que são Guitarristas.

O conjunto B tem uma parte pintada de escuro, devido ao fato de não existir pessoas que são apenas bateristas (I).

Feito isto, analisemos as opções de resposta:

(A) qualquer guitarrista é também cantor.

Falsa, pois podemos observar que existem guitarristas que não são cantores. (Regiões 4 e 6).

(B) os cantores que são guitarristas também são bateristas.

Falsa, pois existem cantores que são guitarristas, mas não são bateristas. (Região 5).

(C) qualquer cantor é também guitarrista.

Falsa, pois existem cantores que não são guitarristas. (Regiões 1 e 2).

(D) os bateristas que não são cantores são guitarristas. Verdadeira

(E) os guitarristas são cantores e bateristas.

Falsa, pois existem guitarristas que não são cantores e guitarristas. (Região 6).

44. Em um círculo foram desenhados 33 setores circulares de mesmo tamanho (como fatias de uma pizza). As cores azul, verde, preta, laranja e roxa, sempre nessa ordem, foram usadas para colorir os setores em sequência. Esse colorido foi feito pintando-se um setor de uma cor, e com a próxima cor pintando-se sempre um setor a mais do que foi pintado com a cor da pintura anterior, até colorir todo o círculo. Feito dessa maneira, a cor menos utilizada foi a cor:

(A) azul.

(B) verde.

(C) preta.

(D) roxa.

(E) laranja.

GABARITO: E

JUSTIFICATIVA

De acordo com o enunciado temos 33 setores.

O setor 1 foi pintado de azul (1)

Os setores 2 e 3 foram pintados de verde (2)

Os setores 4, 5 e 6 foram pintados de preto (3)

Os setores 7, 8, 9 e 10 foram pintados de laranja (4)

Os setores 11, 12, 13, 14 e 15 foram pintados de roxo (5)

Os setores 16, 17, 18, 19, 20 e 21 foram pintados de azul (6)

Os setores 22, 23, 24, 25, 26, 27 e 28 foram pintados de verde (7)

Os setores 29, 30, 31, 32 e 33 foram pintados de preto (5).

Resumindo:

A cor azul foi usada em 1 + 6 = 7 setores

A cor verde foi usada em 2 + 7 = 9 setores

A cor preta foi usada em 3 + 5 = 8 setores

A cor laranja foi usada em 4 setores (menos utilizada)

A cor roxo foi usada em 5 setores

45. A partir do número 9, a sequência de números segue um padrão na criação dos novos termos.

9

1 9

1 9 2

3 1 9 2

3 1 9 2 4

Dessa maneira, pode-se concluir que a soma entre o sétimo termo e o segundo termo dessa sequência é:

(A) 5319255.

(B) 5319234.

(C) 6319283.

(D) 5319265.

(E) 6319291.

GABARITO: D

JUSTIFICATIVA

Seguindo a lei de formação da sequência acima, teremos:

6º termo : 5 3 1 9 2 4

7º termo : 5 3 1 9 2 4 6

Sendo assim, a soma do 7º termo com o 2º termo será igual a

$$\begin{array}{r} 5\,3\,1\,9\,2\,4\,6 \\ +\quad\quad\quad\quad 1\,9 \\ \hline 5\,3\,1\,9\,2\,6\,5 \end{array}$$

46. Repartir dinheiro proporcionalmente às vezes dá até briga. Os mais altos querem que seja divisão proporcional à altura. Os mais velhos querem que seja divisão proporcional à idade. Nesse caso, Roberto com 1,75 m e 25 anos e Mônica, sua irmã, com 1,50 m e 20 anos precisavam dividir proporcionalmente a quantia de R$ 29.250,00. Decidiram, no par ou ímpar, quem escolheria um dos critérios: altura ou idade. Mônica ganhou e decidiu a maneira que mais lhe favorecia. O valor, em reais, que Mônica recebeu a mais do que pela divisão no outro critério, é igual a:

(A) 500

(B) 400

(C) 300

(D) 250

(E) 50

GABARITO: A

JUSTIFICATIVA

Estudemos os 2 critérios de divisão do dinheiro:

Calculando a razão entre as alturas de Mônica e de Roberto.

$$\frac{A_M}{A_R} = \frac{1,50}{1,75} = \frac{150}{175} = \frac{30}{35} = \frac{6}{7}$$

$$V_R = \frac{7 \times A_M}{6}$$

$$V_R + V_M = 29250$$

$$\frac{7A_M}{6} + V_M = 29250 \quad : \quad \frac{13A_M}{6} = 29250 \quad : \quad VM = \frac{29250 \; x \; 6}{13} =$$

6 x 2250 = 13500

Agora, calcularemos a razão entre as idades de Mônica e de Roberto.

$$\frac{A_M}{A_R} = \frac{20}{25} = \frac{4}{5}$$

$$V_R = \frac{5 \times V_M}{4}$$

$$V_R + V_M = 29250$$

$$\frac{5 \times A_M}{4} + A_M = 29350 \; : \; \frac{9\,A_M}{4} = 29250 \quad . \quad A_M = \frac{29250 \times 4}{9}$$

= 4 x 3250 = 13000

Ou seja, Raquel recebe R$ 13.500,00 – R$ 13.000,00 = R$ 500,00 a mais se a divisão for proporcional às alturas.

47. Hoje, a soma das idades de três irmãos é 65 anos. Exatamente dez anos antes, a idade do mais velho era o dobro da idade do irmão do meio, que por sua vez tinha o dobro da idade do irmão mais novo. Daqui a dez anos, a idade do irmão mais velho será, em anos, igual a:

(A) 55
(B) 25
(C) 40
(D) 50
(E) 35

GABARITO: C.

JUSTIFICATIVA

Chamemos de

N, a idade do irmão mais novo.

M, a idade do irmão do meio.

V, a idade do irmão mais velho.

Vamos às nossas conclusões:

Traduzindo a frase *"Hoje, a soma das idades de três irmãos é 65 anos"*.

$N + M + V = 65$ (I)

Traduzindo a frase *"10 anos antes, a idade do mais velho era o dobro da idade do irmão do meio"*.

$V - 10 = 2 \times (M - 10)$: $V = 10 + 2M - 20$: $V = 2M - 10$ (II)

Traduzindo a frase *"10 anos antes, a idade do irmão do meio era o dobro da idade do irmão mais novo"*.

M – 10 = 2 x (N – 10) :M = 10 + 2N – 20 : M = 2N – 10 (III)

De (II) e (III) temos que: V = 2 x (2N – 10) – 10 : V = 4N – 30 (IV)

De (I) , (III) e (IV) temos que: 4N – 30 + 2N – 10 + N = 65

7N – 40 = 65 : 7N = 65 + 40 : 7N = 105 : N = 105 / 7

N = 15 (idade do irmão mais novo hoje)

Substituindo o valor de N encontrado acima em (IV):

V = 4 x 15 – 30 = 60 – 30

V = 30 (idade do irmão mais velho hoje)

Ou seja, daqui a dez anos o irmão mais velho terá 30 + 10 = 40 anos.

(PROCURADORIA GERAL DO ESTADO DA BAHIA – ASSISTENTE DE PROCURADORIA – FUNDAÇÃO CARLOS CHAGAS – 2013)

48. Uma faculdade irá inaugurar um novo espaço para sua biblioteca, composto por três salões. Estima-se que, nesse espaço, poderão ser armazenados até 120.000 livros, sendo 60.000 no salão maior, 15.000 no menor e os demais no intermediário.

Como a faculdade conta atualmente com apenas 44.000 livros, a bibliotecária decidiu colocar, em cada salão, uma quantidade de livros diretamente proporcional à respectiva capacidade máxima de armazenamento. Considerando a estimativa feita, a quantidade de livros que a bibliotecária colocará no salão intermediário é igual a:

(A) 17.000

(B) 17.500

(C) 16.500

(D) 18.500

(E) 18.000

GABARITO: C

JUSTIFICATIVA

Chamemos de:

A, a quantidade de livros armazenados no salão maior.

B, a quantidade de livros armazenados no salão intermediário.

C, a quantidade de livros armazenados no salão menor.

De acordo com o enunciado, sabemos que:

$A + B + C = 44000 \quad (I)$

$$\frac{A}{60000} = \frac{C}{15000} = \frac{B}{45000} : \frac{A}{60} = \frac{C}{15} = \frac{B}{45} : \frac{A}{4} = C = \frac{B}{3}$$

Ou seja: $A = 4C$ (II) e $B = 3C$ (III)

Substituindo os valores acima em (I):

$4C + 3C + C = 44000 \quad : \quad 8C = 44000 \quad : \quad C = 5500$

Voltando em (II): $B = 3C = 3 \times 5500 \quad : \quad B = 16.500$

49. O número de times que compõem a liga de futebol amador de um bairro, que é menor do que 50, permite que as equipes sejam divididas em grupos de 4, 6 ou 8 componentes, sem que sobrem times sem grupo. Tendo apenas essas informações, é possível concluir que a liga é composta por x ou por y times. A soma x + y é igual a:

(A) 96

(B) 72

(C) 60

(D) 120

(E) 80

GABARITO: B

JUSTIFICATIVA

De acordo com o enunciado, podemos concluir que o número de times da liga é um número divisível ao mesmo tempo por 4, 6 e 8, e menor do que 50. Ou seja, precisamos encontrar um múltiplo comum entre os números 4, 6 e 8 que seja menor do que 50. Vejamos:

4	6	8	2
2	3	4	2
1	3	2	2
1	3	1	3
1	1	1	

MMC (4, 6, 8) = 2 x 2 x 2 x 3 = 24

Sendo assim, podemos concluir que o próximo múltiplo comum entre os números 4, 6 e 8 será o número 2 x 24 = 48.

Ou seja, a liga pode ser composta por 24 ou 48 times, e a soma desses números é igual 24 + 48 = 72.

50. Um ano de 365 dias é composto por n semanas completas mais 1 dia. Dentre as expressões numéricas abaixo, a única cujo resultado é igual a n é:

(A) 365 ÷ (7 + 1)

(B) (365 + 1) ÷7

(C) 365 + 1 ÷ 7

(D) (365 – 1) ÷7

(E) 365 – 1 ÷ 7

GABARITO: D

JUSTIFICATIVA

De acordo com o enunciado, um ano de 365 dias é composto por **n** semanas completas mais 1 dia.

Sabemos que 1 semana possui 7 dias. Logo, **n** semanas possuem 7n dias, e **n** semanas mais um dia possuem (7n + 1) dias.

Sendo assim, podemos dizer que: 365 = 7n + 1.

7n = 365 – 1

n = (365 – 1) : 7

51. A prefeitura de um município brasileiro anunciou que $\frac{3}{5}$ da verba destinada ao transporte público seriam aplicados na construção de novas linhas de metrô. O restante da verba seria igualmente distribuído entre quatro outras frentes: corredores de ônibus, melhoria das estações de trem, novos terminais de ônibus e subsídio a passagens. Se o site da prefeitura informa que serão gastos R$ 520 milhões com a melhoria das estações de trem, então o gasto com a construção de novas linhas de metrô, em reais, será de:

(A) 3,12 bilhões.

(B) 2,86 bilhões.

(C) 2,60 bilhões.

(D) 2,34 bilhões.

(E) 2,08 bilhões.

GABARITO: A

JUSTIFICATIVA

Chamemos de **x** a verba destinada ao transporte público.

Sendo assim, de acordo com o enunciado, temos que:

$\frac{3x}{5}$ para novas linhas do metrô.

$1 - \frac{3x}{5} = \frac{2x}{5}$ restante da verba corredores de ônibus, melhoria das estações de trem, novos terminais de ônibus e subsídio a passagens

$\frac{x}{10}$ para corredores de ônibus (um quarto do restante da verba) $\frac{x}{10}$ para melhoria das estações de trem (um quarto do restante da verba).

$\frac{x}{10}$ para novos terminais de ônibus (um quarto do restante da verba).

$\frac{x}{10}$ para subsídio a passagens (um quarto do restante da verba).

Também sabemos que serão gastos R$ 520 milhões com a melhoria das estações de trem. Ou seja:

$$\frac{x}{10} = 520.000.000 : X = 5.200.000.000$$

Sendo assim, podemos concluir que a verba para construção de novas linhas de metrô será igual a

$$\frac{3x}{5} = \frac{5.200.000.000}{5} = 3 \,.\, 1.040.000.000 = 3.120.000.000$$

(3,12 bilhões)

52. O Índice de Massa Corporal (IMC) é uma das formas mais utilizadas para determinar se os níveis de gordura e o peso da pessoa estão dentro do recomendado pela Organização Mundial de Saúde. De acordo com o Dr. Ricardo Meirelles, vice-presidente do departamento de endocrinologia feminina da Sociedade Brasileira de Endocrinologia e Metabologia (SBEM), obtém-se o

resultado dividindo o peso da pessoa em quilogramas pela altura elevada ao quadrado, sendo a altura dada em metros.

(Adaptado de: <http://www.terra.com.br/saude/infograficos/imc/>)

Para melhor avaliar a saúde de um paciente, os médicos criaram a seguinte tabela, baseada no valor do IMC calculado conforme descrito acima.

Valor do IMC (em kg/m2)	Situação do paciente
Abaixo de 18,5	Abaixo do peso
De 18,5 a 24,9	Normal
De 25,0 a 29,9	Sobrepeso
De 30,0 a 34,9	Obesidade grau I
De 35,0 a 39,9	Obesidade grau II
Mais de 40,0	Obesidade grau III

De acordo com a tabela, se uma paciente de 1,70 metros de altura está pesando 85 kg, então sua situação é:

(A) normal.

(B) de obesidade grau I.

(C) de obesidade grau II.

(D) de sobrepeso.

(E) de obesidade grau III.

GABARITO: C

JUSTIFICATIVA

Chamemos de:

P, o peso da pessoa

A, a altura da pessoa

De acordo com o enunciado, $IMC = \frac{P}{A^2}$

Substituindo os valores: $MC = \frac{85}{(1,70)^2} = \frac{85}{2,89} \approx 29,41$

Verificando na tabela, podemos concluir que a situação do paciente é de sobrepeso.

53. Na empresa X, 30% dos funcionários são do sexo feminino. Já na empresa Y, cujo número de funcionários é o triplo do da empresa X, 62% dos funcionários são do sexo feminino. Se houver uma fusão das duas empresas, de modo que todos os funcionários de X e de Y passem a compor a nova companhia formada e não sejam admitidos novos empregados, então as funcionárias do sexo feminino representarão, na nova empresa, do total de funcionários:

(A) 38%
(B) 72%
(C) 46%
(D) 92%
(E) 54%

GABARITO: E

JUSTIFICATIVA

Chamemos de:

A, o número de funcionários da empresa X.

De acordo com o enunciado:

I) Número de funcionários da empresa X do sexo feminino = 0,3A.

II) Número de funcionários da empresa Y = 3A

III) Número de funcionários da empresa Y do sexo feminino = 0,62 x 3A = 1,86A

Havendo a fusão:

– O número total de funcionários será igual a A + 3A = 4A.

– O número de funcionários do sexo feminino será igual a 0,3A + 1,86A = 2,16A.

Para encontrarmos o novo percentual de funcionários do sexo feminino, usaremos o conceito de regra de três, conforme a seguir:

4 A representam 100%

2,16 A representam Z%

Resolvendo: $\frac{4A}{2,16A} = \frac{100}{Z}$: $Z = \frac{100 \times 2,16}{4} = \frac{216}{4} = 54$

54. O jogo de dominó é formado por 28 peças retangulares, cada uma delas dividida em dois quadrados. Em cada quadrado, está marcada uma quantidade inteira de pontos que pode variar de 0 a 6. Assim, nas 28 peças, são formadas todas as possíveis combinações de pontos, inclusive aquelas em que as quantidades marcadas nos dois quadrados são iguais.

Considere apenas as peças de dominó em que as quantidades de pontos marcadas nos dois quadrados são números ímpares. A soma de todos os pontos marcados nessas peças é igual a:

(A) 18

(B) 24

(C) 72

(D) 54

(E) 36

GABARITO: D

JUSTIFICATIVA

Sabemos que os pontos podem varia de 0 até 6. Vejamos quais as possíveis combinações desses números, cuja soma resulte em um número ímpar:

1 + 1 = 2 , 1 + 3 = 4 , 1 + 5 = 6

3 + 1 = 4 , 3 + 3 = 6 , 3 + 5 = 8

5 + 1 = 6 , 5 + 3 = 8 , 5 + 5 = 10

Ou seja, existem 9 combinações, e a soma total é igual a 12 + 18 + 24 = 54.

55. Nos 8 jogos que disputou no último campeonato regional, uma equipe marcou um total de 7 gols, tendo sofrido apenas 5. Somente com tais informações, pode-se concluir que essa equipe, necessariamente:

(A) venceu pelo menos uma partida das 8 que disputou.

(B) empatou pelo menos uma partida pelo placar de 0 a 0.

(C) não foi derrotada em qualquer um dos 8 jogos disputados.

(D) teve mais vitórias do que derrotas neste campeonato.

(E) nunca marcou mais do que um gol no mesmo jogo.

GABARITO: A

JUSTIFICATIVA

Vamos analisar as opções de resposta:

(A) A equipe venceu pelo menos uma partida.

Esta afirmativa é necessariamente correta, pois como o número de gols marcados é maior do que o número de gols sofridos, a equipe, em algum momento marcou mais gols do que sofreu, o que caracteriza uma vitória

56. Um baralho convencional possui 52 cartas, sendo 13 de cada naipe (paus, copas, espadas e ouros). O número mínimo de cartas que devem ser retiradas de um baralho convencional para que se possa afirmar que necessariamente, dentre as cartas retiradas, haverá pelo menos uma de cada naipe é igual a:

(A) 4

(B) 40

(C) 27

(D) 26

(E) 13

GABARITO: B

JUSTIFICATIVA

A 1ª carta será, necessariamente, de um determinado naipe. Digamos que ela seja de paus.

Com isso, restam 51 cartas, sendo 12 paus e 13 dos outros 3 naipes.

Suponhamos que as próximas 12 cartas também sejam do naipe de paus. Logo, na 13ª carta retirada teremos um segundo naipe. Digamos que o 2º naipe a aparecer seja o de copas.

Com isso, teremos:

14 cartas retiradas, sendo 13 de paus e 1 de copas. Ou seja nos restam, 38 cartas, sendo 12 de copas, 13 de espadas e 13 de ouros.

Suponhamos que as próximas 12 cartas sejam de copas. Logo, na 13ª carta retirada teremos um terceiro naipe. Digamos que o 3º naipe seja de espadas.

Com isso, teremos:

27 cartas retiradas, sendo 13 de paus, 13 de copas e 1 de espadas. Ou seja, nos restam 24 cartas, sendo 12 de espadas e 13 de ouros.

Suponhamos que as próximas 12 cartas sejam de espadas. Logo, na 13ª carta retirada teremos o quarto e último naipe, que é de ouros.

Com isso, teremos:

40 cartas retiradas, sendo 13 de paus, 13 de copas e 13 de espadas e 1 de ouros.

Este exercício poderia ser resolvido da seguinte forma:

Para p = paus, c = copas, e = espadas e o=ouros, temos:

54 cartas = 13p + 13c + 13e + 13o

Se retirarmos todas as cartas de paus, copas e espadas, teríamos retirado 3 x 13 = 39.

Logo, bastaria retirar apenas mais uma carta para ter pelo menos uma carta de cada naipe.

O número mínimo de cartas que devem ser retiradas é 39 + 1 = 40

57. Seis pessoas, entre elas Flávia, estão sentadas em torno de uma mesa circular. Sabe-se que:

– Danilo está sentado ao lado de Célia e de Evandro.

– André não está sentado ao lado de Bruna.

– Bruna está na cadeira imediatamente à esquerda de Evandro.

A pessoa que está na cadeira imediatamente à direita de Flávia é:

(A) Bruna.

(B) André.

(C) Célia.

(D) Danilo.

(E) Evandro.

GABARITO: A.

JUSTIFICATIVA

Imaginemos uma mesa circular com 6 lugares

Pessoa A

Pessoa B   Pessoa C

Pessoa D   Pessoa E

Pessoa F

Agora, vamos analisar o enunciado:

- Danilo está sentado ao lado de Célia e de Evandro.

Danilo

Célia Evandro

Pessoa D   Pessoa E

Pessoa F

- Bruna está na cadeira imediatamente à esquerda de Evandro.

Danilo

Célia Evandro

Pessoa D   Bruna

Pessoa F

- André não está sentado ao lado de Bruna.

Danilo

Célia Evandro

André   Bruna

Pessoa F

Com isso, podemos concluir que Flávia é a Pessoa F, e quem está sentado a sua direita é Bruna.

58. A negação de "Ruy Barbosa é abolicionista e Senador Dantas é baiano" é:

(A) Ruy Barbosa não é abolicionista e Senador Dantas não é baiano.

(B) Ruy Barbosa é baiano e Senador Dantas é abolicionista.

(C) Ruy Barbosa não é abolicionista ou Senador Dantas não é baiano.

(D) Ruy Barbosa é baiano ou Senador Dantas não é abolicionista.

(E) Ruy Barbosa é Senador Dantas e Senador Dantas é Ruy Barbosa.

GABARITO: C

JUSTIFICATIVA

Chamemos de:

P, a proposição simples "Ruy Barbosa é abolicionista"

Q, a proposição simples "Senador Dantas é baiano"

Sendo assim, a proposição composta do enunciado pode ser representada por P ^ Q, que trata-se de uma **conjunção**

A negação da conjunção acima pode ser representada por:

~(P ^ Q) = ~P v ~Q

Ou seja,

"Ruy Barbosa NÃO é abolicionista" OU "Senador Dantas NÃO é baiano".

59. Assinale a alternativa correspondente ao número que falta na seguinte série:

6 7 9 13 21 ?

(A) 134

(B) 37

(C) 233

(D) 335

(E) 50

GABARITO: B

JUSTIFICATIVA

Observe que:

7 = 6 + 1

9 = 7 + 2 = 7 + 2x1

13 = 9 + 4 = 9 + 2x2

21 = 13 + 8 = 13 + 2x4

Ou seja, um número é sempre igual ao seu anterior acrescido de dobro do acréscimo anterior.

Sendo assim, o próximo número será igual a soma de 21 com o dobro de 8, ou seja, 21 + 16 = 37.

60. Alberto, Bernardo, Custódio e Danilo são quatro músicos muito talentosos. Não necessariamente nesta ordem, um é pianista, outro violonista, outro saxofonista e há o baterista.

Também se tem ciência de que:

- Alberto e Custódio assistiram à apresentação do saxofonista.

- O pianista dedicou uma música que compôs a Bernardo e ao baterista.

- O baterista, que já se apresentou com Danilo, quer muito fazer uma apresentação com Alberto.

- Alberto nunca conheceu Custódio.

Neste sentido, é possível concluir que o pianista, o saxofonista, o baterista e o violonista são, respectivamente:

(A) Danilo, Bernardo, Custódio e Alberto.

(B) Bernardo, Custódio, Alberto e Danilo.

(C) Alberto, Danilo, Custódio e Bernardo.

(D) Bernardo, Alberto, Danilo e Custódio.

(E) Custódio, Danilo, Alberto e Bernardo.

GABARITO: A

JUSTIFICATIVA

Usaremos a tabela auxiliar abaixo:

	Pianista	Saxofonista	Baterista	Violonista
Alberto				
Bernardo				
Custódio				
Danilo				

Agora, vamos às nossas conclusões:

– Alberto e Custódio assistiram à apresentação do saxofonista.

Conclusão: Alberto e Custódio não são saxofonistas.

– O pianista dedicou uma música que compôs a Bernardo e ao baterista.

Conclusão: Bernardo não é Pianista nem Baterista.

– O baterista, que já se apresentou com Danilo, quer muito fazer uma apresentação com Alberto.

Conclusão: O baterista não é Danilo nem Alberto.

	Pianista	Saxofonista	Baterista	Violonista
Alberto		N	N	
Bernardo	N		N	
Custódio		N		
Danilo			N	

Ou seja, o Baterista só pode ser Custódio.

	Pianista	Saxofonista	Baterista	Violonista
Alberto		N	N	
Bernardo	N		N	
Custódio		N	**S**	
Danilo			N	

Com isso, podemos concluir que Custódio não pode ser nem Pianista nem Violonista.

	Pianista	Saxofonista	Baterista	Violonista
Alberto		N	N	
Bernardo	N		N	
Custódio	N	N	**S**	N
Danilo			N	

Das frases:

- Alberto nunca conheceu Custódio.

- O pianista dedicou uma música que compôs a Bernardo e ao baterista.

Podemos concluir que o pianista não pode ser Alberto, pois o Baterista é Custódio. Sendo assim, só restou para Alberto ser o Violonista.

	Pianista	Saxofonista	Baterista	Violonista
Alberto	N	N	N	**S**
Bernardo	N		N	
Custódio	N	N	**S**	N
Danilo			N	

Com isso, podemos concluir que:

- o Violonista não pode ser nem Bernardo nem Danilo

- Danilo é o Pianista.

	Pianista	Saxofonista	Baterista	Violonista
Alberto	N	N	N	**S**
Bernardo	N		N	N
Custódio	N	N	**S**	N
Danilo	**S**		N	N

E, por último podemos concluir que Bernardo é o Saxofonista

Resumindo:

Danilo é o Pianista.

Bernardo é o Saxofonista.

Custódio é o Baterista.

Alberto é o Violonista.

61. Se todas as bananas têm asas, então o ouro não é um fruto seco. Se o ouro não é um fruto seco, então todas as bananas têm asas. Logo:

(A) todas as bananas não têm asas se e somente se o ouro não for um fruto seco.

(B) todas as bananas têm asas se e somente se o ouro for um fruto seco.

(C) todas as bananas não têm asas se o ouro é um fruto seco.

(D) todas as bananas têm asas se e somente se o ouro não for um fruto seco.

(E) algum ouro não é um fruto seco se e somente se todas as bananas tiverem asas.

GABARITO: D

JUSTIFICATIVA

Chamemos de

P, a proposição simples "todas as bananas têm asas"

Q, a proposição simples "o ouro não é um fruto seco"

As proposições compostas do enunciado podem ser representadas por:

Se todas as bananas têm asas, então o ouro não é um fruto seco.

$P \rightarrow Q$

Se o ouro não é um fruto seco, então todas as bananas têm asas. Logo:

$Q \rightarrow P$

Feito isso, podemos concluir que estamos de uma bicondicional, caracterizada pelo conectivo SE E SOMENTE SE

62. Sou pai de Pedro ou sou pai de Francisco. Sou pai de Ana ou não sou pai de Pedro. Sou pai de Beatriz ou não sou pai de Francisco. Ora, não sou pai de Beatriz. Deste modo:

(A) não sou pai de Ana e sou pai de Pedro.

(B) não sou pai de Beatriz e não sou pai de Ana.

(C) sou pai de Francisco e pai de Ana.

(D) sou pai de Ana e pai de Pedro.

(E) sou pai de Francisco e não sou pai de Beatriz.

GABARITO: D.

JUSTIFICATIVA

Chamemos de

P, a proposição simples "sou pai de Pedro"

Q, a proposição simples "sou pai de Francisco"

R, a proposição simples "sou pai de Ana"

S, a proposição simples "sou pai de Beatriz"

Vejamos como ficam representadas as proposições compostas do enunciado:

I) Sou pai de Pedro ou sou pai de Francisco. P v Q

II) Sou pai de Ana ou não sou pai de Pedro. R v ~P

III) Sou pai de Beatriz ou não sou pai de Francisco. S v ~Q

IV) não sou pai de Beatriz. ~S

Estamos diante de algumas proposições compostas conhecidas como Disjunção. Essas proposições possuem valor lógico V quando pelo menos 1 das proposições simples tiver valor lógico V.

Sendo assim, vamos as nossas conclusões:

De (IV) ~S é V. Logo **S é F**

De (III) (S v ~Q) é V. Como S é F, ~Q é V. Logo, **Q é F**

De (I) (P v Q) é V. Como Q é F, **P é V**

De (II) (R v ~P) é V. Sabemos que P é V. Então, ~P é F. Logo **R é V**

Resumindo:

P é V. “sou pai de Pedro”

Q é F. “NÃO sou pai de Francisco”

R é V. “sou pai de Ana”

S é F. “NÃO sou pai de Beatriz”

Analisando as opções de resposta, podemos concluir que a opção D é Verdadeira.

Este livro foi composto nas fontes Amplitude Cond, Calibri
e impresso em papel *Offset* 75 g/m² na gráfica Assahi.